Wilhelm Koch, Wilhelm Koch

Valeska - Die Tochter des Stadthauptmanns von Petersburg

Wilhelm Koch, Wilhelm Koch
Valeska - Die Tochter des Stadthauptmanns von Petersburg
ISBN/EAN: 9783743458604
Hergestellt in Europa, USA, Kanada, Australien, Japan
Cover: Foto ©ninafisch / pixelio.de

Manufactured and distributed by brebook publishing software (www.brebook.com)

Wilhelm Koch, Wilhelm Koch

Valeska - Die Tochter des Stadthauptmanns von Petersburg

Valeska,

die Tochter des Stadthauptmanns
von Petersburg.

Erzählung

von

Wilhelm Koch.

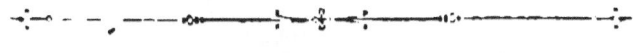

Köln 1879.

Druck und Verlag von Heinrich Theissing.

1.

Valeska, die älteste Tochter des Stadthauptmannes und Polizeimeisters Rakow in St. Petersburg, war eben vom Balle heimgekehrt. Es war noch nicht spät und der Ball in dem Palais des Fürsten Zaranzow noch lange nicht beendet; Valeska hatte aber über Unwohlsein geklagt und den Saal und das Haus fast plötzlich verlassen; auch den Antrag des Geheimrathes Kowalscheck, eines Freundes ihres Vaters, der ihr seine Begleitung angeboten, hatte sie so kurz und schroff, daß es fast unhöflich klang, abgewiesen.

Valeska hatte sich unwillig in einen rothsammetnen Sessel geworfen und blickte in Gedanken verloren auf den weichen, blumigen Teppich. Mit dem prachtvollen Fächer schlug sie unwillig die Spitze des weißen Atlasschuh's. Ihre großen schwarzen Augen leuchteten in unheimlichem Feuer, und die Brust wogte unter schnellen, tiefen Athemzügen auf und ab.

Daria, die Zofe, eilte bestürzt herbei und fragte schüchtern: „Sudarinja, (Herrin) fühlen Sie sich unwohl?"

„Ich will allein sein!" Eine stolze, schroffe Handbewegung — und Daria verschwand.

Die Tochter des Stadthauptmannes erhob sich und warf die Falten des weißen, mit kostbaren Spitzen besetzten Ballkleides mit der Linken zurück; aufgeregt schritt sie durch das Gemach, schleuderte den Fächer in eine Sopha-Ecke und die milchweißen Perlenschnüre, die ihren Hals umspannt hatten, zu Boden, und die

Brillanten, die im Haar gefunkelt, auf die weiße Marmorplatte einer Commode, daß es grell und schauerlich klirrte. Der Atlasschuh zertrat achtlos die weißen Perlen, und das Haar wallte in langen Strähnen über die Schultern hinab, gleich schwarzen, sich ringelnden Schlangen.

Valeska trat an ein hohes Bogenfenster heran, öffnete die Flügel und ließ die kühle Abendluft ihre heiße Stirn umweben; der Wind spielte schmeichelnd mit den Stirnlöckchen und dämpfte die Gluth der purpurnen Wangen. Am tiefdunklen Himmel glänzten tausend funkelnde Sterne, so friedlich, so still, als wollten sie Frieden herablächeln in das aufgeregte, wild schlagende Menschenherz.

Nach einigen Minuten schloß Valeska das Fenster wieder und trat, den weißen entblößten Arm auf die Marmorplatte des Kamins stützend und die glühende Stirn in die Handfläche legend, zur Seite, ruhiger und gefaßter, als man nach der bisherigen Aufregung hätte erwarten sollen. Sie schien mit einem Entschlusse zu kämpfen, denn das Haupt war leicht gesenkt und die Augen hafteten sinnend auf den Blumen des Teppichs. Das Klirren der Brillanten und die zerstampften Perlen schienen den Unmuth Valeska's besänftigt und gedämpft zu haben; aber im Innern tobte es noch und die zarten Finger der Alabasterhand arbeiteten unruhig in den aufgelösten Strähnen des Haares.

Eine rothe Ampel an silbernen Ketten, die gleich einer großen Fuchsiablüte inmitten des Boudoirs hing, übergoß mit vollem Lichte die stolze, junonische Gestalt, sie färbte die glühenden Wangen noch purpurner und überhauchte das duftige, weiße Gewand mit Rosenschimmer. Ein großer Wandspiegel warf die Gestalt der jungen Dame in voller Größe zurück, und es war ein herrliches Bild, das der breite Goldrahmen da umschloß: ein feingeschnittenes, edles Antlitz, strahlend in leuchtender Jugendfrische; ein paar blitzende, große Augen, zornfunkelnd, aber in ihrem Zorne doppelt bestrickend; eine freie, hohe Stirn, eingerahmt von dunklen, nachlässig niederringelnden Locken; der Mund war klein, und wenn es um denselben leidenschaftlich zuckte, dann theilten sich die vollen, rothen Lippen und ließen eine Reihe schneeweißer Zähne durchschimmern, die dem weißen Marmor an Reinheit nicht nachstanden, auf welchen Valeska den wohlgeformten, runden Arm stützte.

Ja, Valeska war schön, so schön, daß sie selbst in den Kreisen der petersburger Aristokratie die helle Bewunderung aller Männer und den heimlichen Neid aller Damen wachrief; sie war schlank gebaut und ihre Größe wurde noch gehoben durch die lange, weiße Spitzenschleppe, die sich wie ein glänzender Schwan in die rothen Blumen des Teppichs ihr zu Füßen schmiegte.

„Es sei", sagte sie nach einer Weile halblaut; dann warf sie entschlossen die rauschende Schleppe zurück, trat an den Tisch und drückte scharf auf den Knopf einer silbernen Schelle.

„Sudarinja befehlen?" fragte die herbeieilende Zofe.

„Peter soll sofort diesen Brief besorgen und Antwort abwarten." Valeska warf einige Zeilen auf eine Karte, steckte dieselbe in ein Convert und schrieb die Adresse.

„Du sowohl wie Peter werden unverbrüchliches Schweigen beobachten, — bei meinem Zorne!"

Die Tochter des Polizeimeisters erhob drohend den Arm und legte dann den Brief in Daria's Hand, die sich stumm und tief verneigte und verschwand.

Valeska athmete tief auf und zog die kleine, mit Brillanten besetzte Uhr. „Zehn", murmelte sie, „vor Mitternacht kehrt Papa mit Olinka nicht zurück."

Sie schritt wieder auf und ab in dem Gemache und benetzte ihr Taschentuch mit den süßduftenden Tropfen Kölnischen Wassers, das ein silberner Delphin in eine marmorne Muschel sprudeln ließ. Plötzlich hielt sie vor dem Spiegel und betrachtete sich. „Ich bin schön," sagte sie zu sich selbst, während ein spöttisches Lächeln über ihre Lippen quoll, „schön, beneidet, bewundert und glücklich! Wenigstens sagen das die Schmeichler, und ich sollte es selbst beinahe glauben, wenn ich mein Bild in dem Spiegel sehe. Ich bin jung und reich; meine Wangen blühen und kein Wunsch bleibt mir unversagt; ... aber glücklich? Steckt das Glück in den glitzernden Diamanten, in dem todten, kalten Metall? Ist es in den Genüssen zu suchen, die mein Vater mir bietet, auf den Bällen, den Soireen und Concerten? Nein, das ist nur prickelnder Champagner, den wir schlürfen, um uns zu betäuben, um die Langweile zu bannen, die uns plagt, um uns vergessen zu machen, wie elend und unglücklich wir sind! ... Kommt das Glück, die Befriedigung nicht von innen heraus, — von außen läßt's sich wahrlich nicht in's Herz treiben! Diese Sammettapeten, diese kostbaren Möbel, dieser Luxus, der mich umgibt, — sie wären ja sonst im Stande mich glücklich zu machen!" ...

Fast verächtlich stieß sie mit dem Fuße das langwallende, flimmernde Gewand zurück, dann warf sie sich auf einen Divan und seufzte: „Ob er kommen wird?"

Aus dem Tone, in welchem sie diese Frage stellte, klang die Befürchtung heraus, daß die Antwort eine verneinende sein könnte. Valeska versank in stilles Träumen, aus dem aber bald nahende Tritte sie aufscheuchten.

Daria erschien und meldete knixend: „Sudarnja, der Herr wartet."

Ein flammendes Roth schoß jählings in Valeska's Antlitz und schneller klopfte das Herz. „Führe den Herrn in's Musikzimmer; ich will ungestört sein; Daria, du bürgst dafür!"

Die Zofe verschwand und freudig bewegt erhob sich Valeska; sie warf ein weißes Seidentuch über die Schultern und verließ das Boudoir.

Der „Herr", den die Tochter des Stadthauptmannes zu so später Stunde zu sich hatte bitten lassen und der von Daria in das Musikzimmer geführt worden, war eine hohe, stattliche Erscheinung.

Er war kräftig gebaut und breitschulterig; ein dunkelblonder Vollbart umrahmte ein intelligentes Gesicht. Die Wangen waren bleich, aber die Augen sprühten Geist und Feuer, und wer die breite, hohe Stirn sah und den Geistesadel, den die durchgeistigten Züge verriethen, der übersah gern, daß seine Visitenkarte einen einfach bürgerlichen Namen aufwies, und daß in den Knopflöchern des schwarzen Rockes auch nicht ein einziges buntes Bändchen steckte.

Feodor Gurbinski — diesen Namen hatte die vorwitzige Zofe auf dem Briefe gelesen, — mochte siebenundzwanzig Jahre zählen und war ein Pole von Geburt. Er hatte nach Beendigung seiner Studien in Warschau und Petersburg verschiedene nationalökonomische Werke veröffentlicht, welche seinen Namen in weiteren Kreisen bekannt machten, und sogar am Hofe hatte man seiner in ehrender Weise erwähnt. Gegenwärtig arbeitete er als Volontair im Handelsministerium und sein Bestreben, daselbst definitive Anstellung zu finden, schien nicht erfolglos zu sein.

Valeska erschien. Gurbinski eilte ihr entgegen und küßte ihre marmorweiße Hand; die junge Dame berührte mit ihren Lippen seine Stirn. (Begrüßungsform in der russischen Gesellschaft.) Gurbinski's Herz klopfte hörbar, aber mit Gewalt kämpfte er seine innere Erregung nieder; nur dem Blicke konnte er nicht befehlen, welcher der hellen Ueberraschung Ausdruck gab, Valeska in weißem Gewande, geschmückt wie eine Braut, vor sich zu sehen.

Die Tochter des Hauses lächelte; indem sie dem späten Besucher einen Sessel anwies und sich selbst ihm gegenüber niederließ, sagte sie: „Ich komme vom Balle, Feodor."

Gurbinski's Erstaunen wuchs. „Und schon zurück?" fragte er.

„Ich konnte mir nicht anders helfen; ich mag nicht ein und dieselbe Luft mit diesem Kowalscheck athmen, der mich mit seinen Blicken verfolgt wie ein Basilisk, — oder wie eine Schlange," setzte sie mit scharfer Betonung hinzu.

„Begünstigt Dein Vater die Bewerbung des Geheimrathes um Dich?"

„Ich bin überzeugt, daß er von den Absichten des Mannes unterrichtet ist und dieselben billigt, denn Kowalscheck ist seine rechte Hand, seine beste Stütze, sein Vertrauter und Freund, mir bangt vor dem Menschen und ein instinktives Gefühl sagt mir, daß er mir Unheil bringen wird."

„Du siehst Gespenster, Valeska; der Geheimrath ist mächtig und einflußreich, ich möchte ihn den Mephisto Deines Vaters nennen, aber der Tochter des Polizeimeisters wird er nie ein Haar zu krümmen wagen."

Ein Pause trat ein und nichts unterbrach die Stille des großen Gemaches, als die Athemzüge der beiden jungen Leute. Die Gasflamme in der Milchkugel verbreitete ein gedämpftes Licht, so daß die Hälfte des Saales in Halbdunkel gehüllt war, aus welchem die weißen Marmorbüsten berühmter Componisten gespensterartig hervorschimmerten. Das braune Holzgetäfel, welches die Wände bedeckte, hob noch den düstern Charakter, den das Zimmer bei der schwachen Beleuchtung annahm.

„Du kannst ahnen, liebe Valeska", hub Feodor nach einer Weile an, „wie sehr mich Deine plötzliche Einladung überraschte und mit welchen Gefühlen ich das Haus Deines Vaters, des gefürchteten Polizeimeisters, zum ersten Male und zu so später Stunde betreten habe. Ich fragte mich, ob ich es je offen und am hellen Tage würde thun dürfen."

„Das wirst Du, wenn Deine Energie und Willenskraft eben so fest ist wie die meinige, eben so groß wie unsere Liebe!"

Ein Ausdruck unaussprechlicher Glückseligkeit verklärte die bleichen Züge Gurbinski's.

„Du kennst meine Lage, Feodor," fuhr Valeska fort, „Du kennst die Absichten Kowalscheck's. Handle demnach. Ich kenne Deine Einwürfe, aber ich lasse sie nicht gelten. Noch bist Du, wie Du sagst, ein unbedeutender Hilfsarbeiter im Ministerium und stehst einem Manne von Einfluß und Ansehen gegenüber; aber es kann Dir nicht schwer halten, bald einen Posten einzunehmen, der Dich berechtigt, bei meinem Vater um meine Hand anzuhalten; und sollte Deine Carriére mit unseren Wünschen auch nicht gleichen Schritt halten, so berechtigt Dich meine Liebe dazu."

Feodor sprang auf und ergriff Valeska's Hand, die sie ihm willig überließ; aus seinen Augen strahlte eine Wonne, die zu groß war, als daß Worte ihr hätten Ausdruck geben können. So stand er einige Sekunden vor ihr und sein freudestrahlender Blick ruhte trunken in den glänzenden Augen der Geliebten.

„Ich habe Dich zu mir gebeten, weil ich nur diese eine Gelegenheit hatte, über Dinge mit Dir zu reden, die sich der schriftlichen Mittheilung entziehen," sagte Valeska; „wir sind bis zur Rückkehr meines Vaters ungestört; wirst Du mir frei und offen meine Fragen beantworten?"

„Hast Du Ursache an meiner Offenheit zu zweifeln, Valeska?"

„Ich weiß nicht; denn wenn ich auch überzeugt bin, daß Du mir persönlich immer Dein volles Herz gezeigt hast und daß die Schwüre, mit denen Du Deine Liebe bekräftigtest, wahr und lauter wie Gold sind, so glaube ich doch, daß Du Heimlichkeiten vor mir hast, die mich zwar nicht direct berühren, denen ich aber nicht ganz ferne stehe."

Gurbinski ließ die Hand der jungen Dame aus der seinigen gleiten und trat einen Schritt zurück. Die Blässe seiner Wangen war noch um einige Schatten tiefer geworden. "Was willst Du damit sagen, Valeska?" fragte er, mit der Rechten gewaltsam die wilden Schläge seines Herzens bändigend.

"Du sprachst so eben von dem "gefürchteten" Polizeiminister. Ich habe aus gelegentlichen Aeußerungen entnommen, daß mein Vater in Petersburg nicht beliebt ist; seine Stellung als Stadthauptmann und als Chef der Geheimpolizei bringt dies mit sich; aber daß man ihn fürchtet, wußte ich bis jetzt nicht."

"Man fürchtet ihn nicht blos, theure Valeska, man haßt Deinen Vater, tief und glühend. Es schmerzt mich, Dir dies mittheilen zu müssen, aber Du wolltest die ungeschminkte Wahrheit hören."

"Ich danke Dir; Gewißheit ist in solchen Dingen immer einer gefährlichen Vertrauensseligkeit vorzuziehen. Ich werde meinen Vater warnen und ihn bitten, seine Strenge zu mäßigen."

"Das wird er, soweit ich ihn kenne, nicht thun; er verlacht die Drohungen und spottet des Hasses."

"Haßt auch Du ihn, Feodor?"

"Ich? Deinen Vater?"

"Nicht den Vater Deiner Valeska, sondern den strengen Stadthauptmann, den Vertrauten des Kaisers."

"Nein, Valeska, ich hasse ihn nicht, ich habe persönlich keine Ursache dazu; ich bedaure nur seine Strenge gegen das Volk."

"Es gibt hier und in Warschau, in Moskau und Kiew geheime Verschwörungen, — Papa sprach neulich einmal davon, aber in wegwerfendem Tone, — gehörst

Du einer solchen an, conspirirst Du gegen die Regierung?"

Es klang kein Vorwurf aus der Frage heraus, auch keine Angst oder Mißbilligung.

„Nein, Valeska," versetzte Gurbinski ruhig, „ich bin kein Verschwörer, — schon um Deinetwillen nicht!"

„Ich persönlich bilde mir in der Sache kein Urtheil, ich kümmere mich weder um die Geschäfte meines Vaters, noch um die Politik. Nur glaubte ich, vor unserer Liebe gewaltige Hindernisse aufgethürmt zu sehen, falls Du in politischen Fragen zur Opposition gehörst. Daß Du niemals einer Gesellschaft, einem Vereine, arbeite er offen oder geheim, beitreten würdest, der unlautere Ziele verfolgt, das wußte ich im Voraus, dafür bürgt mir Deine Rechtlichkeit, Dein gerader Sinn, Dein Character."

Valeska sagte nicht, was sie veranlaßt hatte, die Frage zu stellen, ob Gurbinski einem staatsfeindlichen Club angehöre, und Feodor vermied es, nach den Gründen zu forschen. Das Thema berührte ihn offenbar peinlich, schon um deswillen, weil er grundsätzlich niemals mit Damen politische Dinge erörterte.

„Noch eins," fuhr Valeska fort, den bisherigen Gegenstand fallen lassend, „lies diesen Brief."

Sie zog aus den Falten des Kleides ein Schreiben und reichte es Feodor hin; ihre Augen hafteten prüfend auf seinen Zügen, während er den Inhalt las. Er schüttelte den Kopf und gab den Brief schweigend zurück.

„Nun?" fragte Valeska.

„Das ist boshaft," versetzte Gurbinski entrüstet und ein mattes Roth färbte seine Wangen, „das ist niederträchtig."

„Es handelt sich hier nur darum, ob der Inhalt wahr ist."

„Du wirst doch anonymen Briefen weder Werth noch Glaubwürdigkeit beimessen?"

„Nein, aber Deiner Erklärung."

Der junge Mann ließ sich wieder in den Sessel nieder und fuhr mit der Hand über die breite Stirn. „Es ist besser, Valeska, wir lassen die Sache unerörtert. Hast Du eine Ahnung, wer der Absender sein mag?"

„Nein, aber das kümmert mich nicht. Daß ein Freund meines Vaters der Verräther nicht ist, weiß ich; aber dies alles sind Nebendinge. Die Hauptsache ist die: ist die Sache wahr oder nicht? Und da Du, wie ich neulich aus einer gelegentlichen Bemerkung erfuhr, hierüber unterrichtet bist, so bitte ich Dich um nähere Mittheilung. Ich will endlich Klarheit haben."

„Es wäre besser, Du erspartest mir den Bericht, da Du aber darauf bestehst, Valeska, so bitte ich, es mir nicht zu verübeln, wenn meine Mittheilung Dich schmerzlich berührt. Durch Zufall erhielt ich unlängst Kunde von der Sache, und da ich mich Deinetwegen dafür interessirte, so zog ich nähere Erkundigungen ein. Ja, der Inhalt des Briefes ist wahr, — Deine Mutter lebt noch!"

„Ah, ... und man sagte mir also die Unwahrheit, indem man mich glauben machte, sie sei todt?"

„In dem Sinne, wie Dein Vater das Wort „todt" gebrauchte und dasselbe gedeutet wissen wollte, mag er wohl die Wahrheit gesprochen haben."

„Und wo lebt meine Mutter?"

„In der Schweiz, in Interlaken. Dein Vater hat ihr eine kleine Pension ausgeworfen, die sie von einem Bankhause in Bern bezieht."

„Weiter, weiter, Feodor, die Sache interessirt mich ungemein."

„Ich will Dir nur das Thatsächliche berichten. Nach kaum zweijähriger Ehe sprach das Gericht die Scheidung aus; Du und das ziemlich bedeutende Vermögen, das Deiner Mutter gehörte, wurde Deinem Vater zugesprochen, denn Dein Vater wollte es so und er hat mächtige Freunde in Petersburg. Ein halbes Jahr später heirathete er die Comtesse Wasilissa, Olinka's Mutter, die aber, wie Du weißt, kürzlich starb."

„Also meine Mutter wurde verstoßen, um einer Anderen Platz zu machen, und ihr Vermögen blieb in den Händen meines Vaters?"

Gurbinski nickte; er wollte offenbar keine weiteren Mittheilungen machen. Valeska erhob sich und reichte Feodor die Hand.

„Ich danke Dir," sagte sie, während ihre großen Augen fast unheimlich leuchteten. „Ich mußte die Sachlage ja doch einmal erfahren, und besser jetzt wie später; ich werde mein Handeln darnach zu bemessen wissen."

„Ich bedaure nur, theure Valeska, daß Dir aus meinem Munde die traurige Kunde geworden oder vielmehr bestätigt worden. Dann aber bitte ich Dich, zu bedenken, daß Du nichts unternehmen darfst; denn erstens ist der Herr Stadthauptmann Dein Vater und zweitens wirst Du ebensowenig erzielen, wie Deine Mutter erzielt hat."

„Eben weil ich die Tochter meines Vaters bin, soll er erfahren, daß ich ihm an Willenskraft nicht nachstehe. Seine Liebe zu mir — und ich glaube, daß dieses Gefühl nicht erheuchelt ist — ist meine Waffe. In der letzten Viertelstunde bin ich zum Weibe gereift und selbständig geworden."

„Ich fürchte, Dein Vater würde selbst die Liebe zu Dir seiner Politik und seinen Interessen opfern."

„Du urtheilst hart, Feodor, aber sei dem, wie ihm wolle, ich werde von dieser Stunde an nie vergessen, daß meine Mutter noch lebt, daß man sie in die Verbannung geschickt und von ihrem einzigen Kinde getrennt hat."

„Dann vergiß auch nie, Valeska, daß Du einen Freund zur Seite hast, der Dir in allen Lagen des Lebens, was auch kommen mag, treu beisteht. Dein Geschick ist das meinige, — zähle auf mich!"

„Ich thue es, Feodor," versetzte Valeska mit Wärme und mit beiden Händen erfaßte sie die dargebotene Rechte Gurbinski's, „ich thue es, weil ich auf Deine Liebe baue und sie mir das Recht gibt, Deinen Beistand in Anspruch nehmen zu dürfen. Drohen Stürme, so wollen wir fest zu einander halten, und wenn die Verhältnisse es auch nicht gestatten sollten, daß wir bald einander wiedersehen, so sei versichert, daß das Herz der Valeska Rakow Dir gehört und daß kein Sturm im Palais des Polizeimeisters dieses Herz anders fühlen machen kann. Lebe wohl!"

Als Gurbinski das Haus des Stadthauptmannes verließ, verkündeten die Stadtuhren die Mitternachtstunde. —

Zu gleicher Zeit hatte in der Küche des Palais Rakow auch eine Conferenz stattgefunden. Das „unverbrüchliche Schweigen," welches die Zofe Daria ihrer Herrin durch stumme Verneigung angelobt, war Gegenstand der Unterhaltung des Dienstpersonals.

„Also Niemand kennt diesen Gurbinski?" fragte die alte Njanja (Kinderfrau,) welche in dem Hause das Gnadenbrod aß und den beiden Töchtern des Stadthauptmannes mit einer Liebe und Anhänglichkeit zugethan war, wie sie solchen Personen eigen zu sein pflegt. „Auf alle Fälle ist er ein edler Mann, weil Fräulein Valeska ihn sonst nicht empfangen haben würde."

„Er hatte unser Haus früher nie betreten," versetzte Peter, „aber nobel ist er, darin hat unser Matuschka (Mütterchen) Recht, denn er gab mir zwei Rubel."

„Ich habe immer Recht," bestätigte die Njanja stolz, „das solltest Du wissen Petge!" (Peterchen.)

„Es wird wol bald eine Hochzeit geben," kiecherte Palagia, die Küchenmagd, und Iwan, der Hausknecht sagte, sein Glas Quas (ein beliebtes Getränk) an die

Lippen führend: „Hab's lange gemerkt; auch Fräulein Olinka ist kein Kind mehr."

In jedem Zimmer eines russischen Hauses befindet sich hinter der ewigen Lampe das Bild eines Heiligen mit einem kleinen Vorhang versehen. Will der Russe etwas thun, das ihm unrecht dünkt, so zieht er einfach den Vorhang vor, — dann sieht der Heilige es nicht und der Russe ist beruhigt. Auch jetzt erhob sich die alte Kinderfrau und verdeckte das Bild mit den Worten: „Wollt ihr solch' gottlose Redensarten führen, dann laßt's wenigstens den Heiligen nicht wissen."

„Gottlos?" fragte Pawlinka, ein coquettes Stubenmädchen mit Stumpfnase und Pfirsichbacken, „ist es denn gottlos, wenn Zwei sich lieben? Aber davon versteht Matuschka nichts."

„Lieben? Hier ist von Liebe keine Rede, Du naseweises Ding."

„Von was sonst denn, Njanja? Der Herr kommt ganz geheimnißvoll, nachdem unsere Sudarnja Valeska ebenso geheimnißvoll vom Balle zurückgekommen war. Wo es aber ein Geheimniß gibt, da gibt es auch Liebe."

„Fehlgeschossen, Pawlinka," versetzte Iwan, „das kenne ich besser. Wenn Frauenzimmer Geheimnisse haben, dann ist zwar die Liebe in der Regel mit im Spiele; wenn aber Männer dabei sind, dann kann es etwas anderes bedeuten."

„Was denn?" fragte Daria, die doch auch neugierig war zu erfahren, weshalb ihre Herrin so aufgeregt gewesen.

„Eine Verschwörung!" lispelte Iwan, den Zeigefinger wider die breiten Lippen legend, und alle fuhren auseinander.

„Du faselst," entgegnete der Koch, ein Franzose, und zuckte verächtlich die Schultern; „Iwan hat zu tief in's Branntweinglas geschaut."

„Faseln?" replicirte der Hausknecht beleidigt und ärgerlich, beim heiligen Nikolaus und der Mutter Gottes von Kasan, ich bin so nüchtern wie ihr alle! Aber ich höre mehr wie ihr, denn ich komme überall in der Stadt herum, und da wird gemunkelt und gewispelt von Nihilisten und Verschwörern, die dem Kaiser an's Leben und den Staat stürzen wollen, und ganz besonders hat man es auch auf unsern Batjuscha (Väterchen), auf Se. Excellenz den Herrn Stadthauptmann abgesehen. Wir werden noch große Dinge erleben!"

„Schweig, Du loser Schwätzer, willst Du nach Sibirien?' tuschte ihn Palagia, die ein Interesse daran zu haben schien, daß Iwan nicht nach Sibirien transportirt werde.

„Ich weiß, was ich weiß," prahlte dieser weiter. „Auf unsern Herrn ist die ganze Stadt erbittert, weil er das Volk auspeischt."

„Na," lachte Pawlinka boshaft, „Du gehörst auch zum Volke."

„Ich habe seit acht Tagen die Knute nicht mehr gefühlt," versetzte Iwan stolz und warf sich in die Brust.

„Etwas scheint an der Sache zu sein," nahm hier der Pariser Küchenchef das Wort, „es gährt allenthalben und wenn's losgeht, dann könnte es euerm Kaiser ergehen, wie einem gewissen Manne in Frankreich, der auch das Volk knutete und tyrannisirte."

„Ich bitte von Sr. Majestät mit mehr Respect zu sprechen," unterbrach Peter, der Lakai, den Franzosen.

„Der Czar ist nicht mein Kaiser," versetzte dieser, „ich bin Republikaner."

„Das verstehe ich nicht," nahm die Njanja das Wort, „aber der Czar ist doch Kaiser von ganz Europa und Herr der Welt."

Der Franzose lachte hell auf. „Der Czar hat in Rußland freilich Alles zu sagen, mehr als gut ist," erwiderte er, „aber in den übrigen Ländern kein Jota. Merk'

Dir das, Alte. Es gibt auch noch andere Herrscher, wie euern Batjuscha, der euch mit Füßen tritt und dem ihr dafür die Stiefel küßt."

„Aber dann sind die übrigen Fürsten dem Kaiser doch unterthan," meinte Iwan, „so hab ich's immer gehört. Der Czar herrscht über Alles."

„Dummes Volk!" murmelte der Franzose verächtlich, „gerade so dumm, wie die russische Polizei es erlaubt."

Peter wollte eben dem Franzosen klar machen, daß das heilige Reich Rußland die Welt beherrsche, als das Geräusch eines heranrollenden Wagens das Dienstpersonal auseinanderscheuchte. Der Wagen hielt, — der Polizeimeister v. Rakow war mit seiner jüngeren Tochter Olinka nach Hause zurückgekehrt.

2.

Es war am folgenden Morgen. Der Generallieutenant und Generaladjutant, Stadthauptmann und Oberpolizeimeister Feodorowitsch Rakow saß in seinem Arbeitszimmer und überflog Acten. Er war von kleiner, stämmiger Figur, hatte ein aufgedunsenes, weinrothes Gesicht, einen großen Schnurrbart, ein glattrasirtes Kinn und einen nackten Schädel, dessen Kahlheit aber, soweit es ging, die spärlichen Haare zur Seite des Kopfes verdecken helfen mußten, und der in Folge dessen einem mit Sardellen belegten Porzellanteller nicht unähnlich sah. Rakow war der Liebling des Kaisers Alexander und das Muster eines administrativen Talentes für Polizeisachen, Chef der berüchtigten geheimen Polizei für Petersburg und der Schrecken aller Derer, die mit ihm zu verkehren hatten. Der Mann, dessen Brust mit dem höchsten Orden überladen war, hatte eine unbezwingliche Vorliebe für Prügel und die Knute, d. h. hauptsächlich für solche Strafen, die er selbst verabreichte oder verabreichen ließ, und seine Hand suchte mit dem größten Wohlgefallen fremde Ohren und Wangen auf. Es gehörte durchaus nicht zu den Seltenheiten, daß Se. Excellenz in den Hauptstraßen Petersburg, sobald ihm einer seiner Untergebenen nicht prompt genug im Dienste erschien, den Wagen halten ließ, den Unglücklichen heranwinkte und ihm höchsteigenhändig eine Reihe schallender, furchtbarer Ohrfeigen applicirte, obschon Hunderte von entrüsteten Zuschauern Zeugen des Schauspiels waren. Ebenso oft geschah es, daß irgend einem armen Menschen wegen des unbedeutendsten Vergehens in dem Bureau des gestrengen Generals fünf und zwanzig oder fünfzig Knutenhiebe aufgezählt wurden, „zur Anregung Sr. Excelenz," denn die Knute betrachtete er als die wesentlichste Culturförderin, und das Winseln und Heulen der Gepeitschten wirkte belebend auf seine Nerven. Nach gethaner „Arbeit" fühlte er sich dann erfrischt und seine Stimmung war um so heiterer, je mehr „Hundesöhne" er „cultivirt" hatte. Das Prügeln war aber nicht die einzige Leidenschaft des Gewaltigen; er huldigte auch andern „Liebhabereien", die nicht minder die öffentliche Meinung beleidigten und herausforderten, wie seine Vorliebe für den Kantschu (kurze, dicke, aus Riemen geflochtene Peitsche), allein Niemand wagte es, dem gefürchteten Oberpolizeimeister und Liebling des Czaren entgegenzutreten.

Er hatte an dem heutigen Morgen — die Stimmung Rakow's war nicht die rosigste — die ihm von dem Bureaudiener vorgelegten Actenstücke unterzeichnet und war eben im Begriffe die Petersburger Zeitung zur Hand zu nehmen, als sein Vertrauter, der Geheimrath Kowalscheck, in größter Aufregung in's Bureau stürzte.

„Excellenz", stammelte der Geheimrath, der eigentliche Leiter des geheimen Polizeiwesens, „Excellenz, ... unerhört, schändlich!" Kowalscheck zitterte am ganzen Leibe und konnte vor Erregung und Wuth kaum zu Worte kommen.

„Was gibt's?" rief Rakow, von seinem Stuhle auffahrend, „was ist passirt?"

„Verschwörung, Rebellion! Auf allen Ecken der Hauptstraßen, namentlich auf dem Newsky-Prospect, sind Brandschriften angeschlagen, die das Volk zum Aufstande auffordern. Hier in der Hauptstadt, wie man sagt, auf der wyborger Seite, wo sich die medicinische Akademie befindet, sollen sie gedruckt worden sein. Zahlreiche Officiere der hiesigen Garnison haben ähnliche Aufforderungen durch die Stadtpost in versiegelten Couverts zugeschickt erhalten; in den Casernen und Fabriken haben die Nihilisten Proclamationen verbreitet, ein Exemplar soll sich sogar in den Händen Sr. Majestät befinden. In allen Städten und Dörfern des Reiches hat, wie die einlaufenden Depeschen melden, eine ungesehene Hand diese Proclamation, wie aus einem Füllhorn ausgestreut."

„Sukinsyn!" fluchte der Stadthauptmann und schlug mit der geballten Faust so heftig auf die Tischplatte, daß das Tintenfaß seinen Inhalt über die Zeitung ergoß.

„Und von dem ganzen Treiben sind wir nicht unterrichtet gewesen?" Erbleichend sank der General auf seinen Stuhl zurück und stöhnte: „Weiter, Kowalscheck!"

„Die „geheime russische Nationalregierung", fuhr der Rath fort, — „so nennt sich die Verschwörerbande, welche die Proclamation erlassen hat, — scheint eine Verschmelzung der verschiedenen revolutionären Parteien zu sein. Sie fordert das Volk auf, die Waffen gegen die Regierung des Czaren zu ergreifen; das Schriftstück trägt die Aufschrift: „Revolutionäre Auseinandersetzung." Ein großes, blutrothes Siegel, an dessen Peripherie die

Worte zu lesen sind: „Union der nationalen Befreiung" befindet sich am Kopfe des Schriftstückes. Robespierre's Spruch: „Erdrücket durch Terrorismus die Feinde des Volkes und die Ehre der Errichtung der Republik wird euch gebühren," und ein Citat aus einem Gedichte Nekrassow's: „Eure Sache steht fest, denn sie basirt auf Blut," dienen als Motto. Soll ich Ihnen die Proclamation vorlesen?"

„Lesen Sie!"

Kowalscheck zog ein großes Blatt aus seiner Rocktasche, entfaltete dasselbe und las: „Treuherziges Volk, erwache, greife zu den Waffen gegen die Tyrannen und räche deine Knebelung! Jetzt ist dazu der günstige Zeitpunkt gekommen, denn die Zustände in Rußland sind unerträglich und unhaltbar geworden. Auf der weiten Strecke von einem Ende unseres Landes bis zum anderen gibt es nicht Einen Ort, wo der Mensch sich vor den Helfershelfern des Czaren sicher fühlen könnte"... Nachdem nun in grellen Farben die russische „Regierungswirthschaft" geschildert worden, heißt es weiter: „Auf Allen ohne Ausnahme, angefangen von den Kindern in den Volksschulen bis zu den in die Reserve unter die Waffen gerufenen Greisen, auf dem ganzen menschlichen Leben von der Wiege bis zum Sarge, auf der gesammten physischen und intellectuellen Leistungsfähigkeit unserer Brüder und Schwestern lastet die schwere Hand des Czaren, Alles erdrückend und zum Werkzeuge der Willkür herabwürdigend... Das Defizit im Staatshaushalt ist nicht mehr zu decken. Leben und Existenzen sind vernichtet. Hungersnoth und Epidemie sind die Folgen davon. Ein gewaltiger Krieg ist im Anzuge. Das Ende des Elends, womit ein 90 Millionen zählendes Volk behaftet ist, erscheint unabsehbar. Welch schreckliche und düstere Zukunft! Das Elend des Volkes hat bereits Dimensionen erreicht, wie sonst nirgends auf Erden. Wollt ihr noch länger dieses Joch tragen?

Wollt ihr noch länger von der Welt verspottet werden? Auf, Brüder und Schwestern, zu den Waffen! Auf, im Namen der Fortschritts, der Freiheit und im Namen unseres guten Rechts! Europa, welches uns ob unserer Knechtschaft bisher verachtet hat, soll uns von nun an achten; als freies Volk wollen wir dastehen!..."

Der Geheimrath hielt inne und legte das Blatt auf den Tisch; seine Hand bebte vor Zorn und er stützte sie auf die Tischplatte, als bedürfe er einer Stütze.

„Das ist in der That unerhört," sagte Rakow nach einer Weile. „Ich hätte es nicht für möglich gehalten, daß man uns so etwas zu bieten gewagt hätte. Und Sie kennen nicht die Häupter dieser Verschwörung?"

„Sie werden unter den Studenten zu suchen sein, Excellenz, aber die Namen sind mir unbekannt."

„Sollte der „große Agitator" Aksakow, der Anführer der Slawisten in Moskau, mit seinen hirnverbrannten Plänen vielleicht hinter diesem Anschlage stehen?"

„Schwerlich, Excellenz, denn die panslawistische Actionspartei hat mit den Nihilisten keine directe Fühlung — zur Zeit wenigstens noch nicht," fügte der Geheimrath hinzu.

„Oder Bakunin, der Führer der Nihilisten?"

„Auch Bakunin glaube ich für diese Proclamation persönlich nicht verantwortlich machen zu können. Dieselbe scheint aus dem Schooße der verschiedenen unzufriedenen Parteien hervorgegangen zu sein, die sich immer mehr und mehr zu einer einzigen großen Revolutionspartei verschmelzen."

„Sind Sie über die augenblickliche Stärke und Verbreitung der geheimen Gesellschaften im Lande genau unterrichtet?"

„Nein, das ist eben ein Ding der Unmöglichkeit."

„Wie so?" brauste der Stadthauptmann auf, „Sie wissen sonst Alles!"

Der Geheimrath biß sich die Unterlippe. "Der Haß des Volkes," sagte er nach einer Pause, "wendet sich in erster Linie gegen uns, die geheime Polizei, und gegen Seine Excellenz, den Herrn Polizeiminister v. Mesenzow. Die Nihilisten, Socialisten, Communisten und wie die Umsturzparteien heißen mögen, verfolgen verschiedene Ziele, nur in dem Haß gegen die "dritte Abtheilung" treffen sie zusammen. Das aber weiß ich, daß es eine nihilistische "P a r t e i" überhaupt nicht gibt, wenigstens ist sie nirgends zu finden; denn wenn sie irgendwo existirt, weßhalb hat die Regierung nicht längst ein Ausnahmegesetz — und aus Ausnahmegesetzen besteht ja unsere ganze Gesetzgebung — gegen sie erlassen? Die Regierung hat uns, den Leitern des Polizeiwesens, die weitgehendsten Vollmachten eingeräumt, und dennoch treffen wir die Nihilisten nicht, es sei denn, daß wir alle Unzufriedenen im Lande, d. h. fast die ganze nicht zum Beamtenthum gehörige Bevölkerung als Verbrecher behandeln. Man darf nicht Diejenigen, welche jedem Angriff auf das Institut der dritten Abtheilung der kaiserlichen Kanzlei Beifall spenden, mit den sogenannten Nihilisten verwechseln, welche zwar ebenfalls im Kampfe mit uns liegen, aber auch noch andere Ziele verfolgen. So lange die geheime Polizei in ihrer gegenwärtigen Form besteht, wird auch der Kampf der geheimen Gesellschaften gegen dieselbe dauern."

"So sprechen S i e?" fragte Rakow erstaunt.

"Im gegenwärtigen Augenblicke thut uns vor Allem Wahrheit noth, Excellenz, und die richtige Erkenntniß der Lage, weil wir sonst nach Nebelbildern tasten, die nicht greifbar sind. Aber die Gewißheit habe ich, daß, so tief und weit verbreitet auch die Unzufriedenheit unter allen Schichten des Volkes ist, Ansätze zu einer e r f o l g r e i c h e n Revolution doch nirgends zu finden sind. Zwischen den verschiedenen Gruppen von Unzufriedenen besteht eben noch kein Zusammenhang. Die lautesten unter allen, die Panslawisten, werden von Alsakow fanatisirt und verfolgen ausschließlich politische Ziele; ihnen stehen die rothen Nihilisten durchaus feindlich gegenüber, und die große Masse der Bevölkerung in Stadt und Land hat für die Ideen eines Alsakow absolut kein Verständniß. Und von welchen anderen Parteien kann noch die Rede sein? Es gibt deren, namentlich in den Landschaftsversammlungen und Vertretungen der größeren Städte, allein sie haben keine Verbindung miteinander und vor allem kein bestimmtes Programm. Es fehlt ihnen die Ausdauer, bei irgend einer Arbeit bis zum Ende vorzudringen.

„Nach den Erfahrungen des Krimkrieges glaubte Jedermann, daß die furchtbaren Mißbräuche bei der Armee nicht mehr vorkommen könnten, — und es hat sich Alles genau wiederholt. Die Bauern-Emancipation hat den Gutsbesitzer ruinirt und die Lage des Bauern nicht gebessert, weil er zu wenig Land erhalten hat und zu große Steuern zahlen muß. Die Verwaltung der Städte ist zwar in mehrfacher Beziehung besser als früher, allein es ist noch immer nicht gelungen, weitere Kreise für die Selbstverwaltung zu interessiren. Am besten stände es vielleicht mit der Justizreform, wenn eben — wir nicht wären!"

„Herr, dies wagen Sie mir zu sagen?" fuhr der Stadthauptmann von Petersburg auf und schleuderte den Stuhl weit zurück. „Sie, ein Beamter der kaiserlichen Kanzlei, tadeln das Institut, das Ihnen Amt und Brod gibt?"

„Durchaus nicht, Excellenz, ich schilderte nur die Dinge wie sie sind; nannte Ihnen die Wurzel des Uebels, um Ihnen zu beweisen, daß wir trotz unserer Macht und Umsicht ohnmächtig sind gegen gewisse Vorkommnisse und nicht verantwortlich dafür gemacht werden können, wenn irgend ein revolutionärer Kopf Brandschriften in die Welt schickt."

„Sie haben Recht," versetzte Rakow ruhiger. „Dies= mal scheint aber die Sache ernst zu sein."

Der Geheimrath lächelte fast spöttisch. „Ich zweifle nicht daran," entgegnete er. Wir müssen umfassende und energische Maßregeln ergreifen, Excellenz."

„Und zwar sofort. Lassen Sie zunächst in der medi= cinischen Academie Haussuchung halten, damit wir Sr. Majestät dem Kaiser, der sehr ungehalten sein wird, ein günstiges Resultat melden können. Ich will die Häupter und Anstifter noch vor Abend kennen, — verstanden?"

Der Geheimrath verneigte sich. Seine vorige Er= regung war plötzlich einer auffallenden Ruhe gewichen, und der Stadthauptmann hätte aus diesem bleichen, ge= meißelten Antlitze vergebens die Gedanken herauszulesen versucht, die den Mann in diesem Augenblicke beschäf= tigten. Der indirecte Vorwurf, „Sie wissen sonst alles," schien den Stolz Kowalscheck's schwer beleidigt zu haben, aber er hütete sich wohl, seinen Gefühlen Ausdruck zu geben. Der Vertraute des Oberpolizeimeisters, sein „Me= phisto," wie Gurbinski ihn genannt hatte, ertrug die Launen seines Chefs und „Freundes" um so williger, als er, wie man glaubte, sich mit der Absicht trug, dessen Schwiegersohn zu werden. Er war ein dürres Männchen von vierzig Jahren; seine Erscheinung imponirte keines= wegs, aber ein Blick in die grauen lauernden Augen ließ erkennen, daß man einen Mann vor sich hatte, dessen geistige Ueberlegenheit nicht zu unterschätzen war. Oft genug hatte Rakow Gelegenheit gehabt, sich von dem scharfen, richtigen Urtheil, der Combinationsgabe und Verschlagenheit seines ersten Rathes zu überzeugen. Kurz, Kowalscheck war geradezu unentbehrlich und unersetzlich in seiner Stellung als Spion und geheimer Agent. Schon die Natur schien ihn für seinen Posten wie ge= schaffen und ihn auch in seinem Aeußern für die Stellung zugeschnitten zu haben, die er sich erobert. Er war keine rohe, brutale Natur, wie Rakow, sondern schleichend, geschmeidig, stets freundlich; die Nase war spitz, die Augen nach innen stehend und der Blick stechend; dieser lauernde, unheimliche Blick schien in jedem Winkel Unrath zu wittern. Ein leichtes, blondes Bärtchen bedeckte die mageren Wangen, Kinn und Oberlippe waren glatt rasirt.

Der Geheimrath wollte eben das Bureau Rakow's verlassen, als ein Beamter eintrat und seinem Chef ein Schreiben überreichte. „Von seiner Majestät," sagte er, sich tief verneigend. „Da haben wir's" murmelte der Stadthauptmann erbleichend, und nachdem er den Inhalt des allerhöchsten Schreibens überflogen hatte, sagte er: „Ich bin zu Sr. Majestät dem Kaiser befohlen. Lieber Rath, thuen Sie schleunigst Ihre Pflicht, damit ich dem Czaren bald eine befriedigende Antwort geben kann." —

Eine Viertelstunde später betrat der Oberpolizeimeister in voller Uniform das kaiserliche Palais.

Alexander II., der allgewaltige Herrscher aller Reußen, der unumschränkte Gebieter über mehr denn 80 Millionen Seelen, der kirchliche und weltliche Gewalthaber in dem größten Reiche Europa's, hatte so eben seinen Premierminister Gortschakow mit wichtigen Instructionen entlassen und schritt in seinem Arbeitscabinet auf und ab. Der elegante Schreibtisch aus Ebenholz war bedeckt mit Papieren aller Art, die der Durchsicht und Unterschrift harrten. Der Czar war erregt, denn zwischen seinen Augenbrauen stand jene kleine, düstere Falte, welche seine Minister und Alle, die im persönlichen Verkehr mit ihm standen, so sehr fürchteten. Der Schritt, mit welchem der Kaiser das teppichbelegte Zimmer durchmaß, war elastisch, leicht; man merkte nicht, daß auf diesem geraden, stolz getragenen Nacken schon neunundfünfzig Jahre lasteten. Das Volk in Rußland, welches in sklavischer Furcht den Kaiser wie einen Halbgott verehrt, in ihm ein höheres Wesen und die Verkörperung der höchsten kirchlichen und weltlichen Macht erblickt, hat dem Czaren den Schmeichlernamen Batjuscha (Väterchen) gegeben; aber die Liebe, welche dieser Name wechselseitig voraussetzt, ist auf keiner Seite vorhanden; denn nirgendwo hat sich die Gewalt des Staates — und der Czar ist der Repräsentant desselben — über das Volksthum in absolut monarchischer Form zu so großer Schärfe entwickelt, wie gerade in Rußland, und nirgendwo zittert das Volk so sehr vor seinem Fürsten wie eben dort. Bürger gibt's nicht in Rußland, sondern Unterthanen, und der Wille des Kaisers ist Gesetz. Millionen zittern, wenn Alexander II. finster blickt und zürnt, Millionen verbluten, wenn er es will. Ein Wort aus seinem Munde — und ganze Familien, selbst ganze Regimenter wandern in die Bleibergwerke Sibiriens, und der größte Staatsmann, der heute noch in Glanz und Ansehen steht, kann morgen den Todesmarsch nach den Einöden Sibiriens antreten, wenn der Czar es befiehlt.

Klopfenden Herzens betrat der Stadthauptmann das Arbeitskabinet des Kaisers; der Ordonnanzoffizier, der ihn eingeführt, zog sich unter tiefen Bücklingen zurück.

„Was ist denn los, Rakow," herrschte der allgebietende Monarch seinen „Liebling" an, „was sollen die revolutionären Umtriebe, diese Brandschriften und Plakate bedeuten?"

„Majestät," stammelte der Polizeichef, „ich bin unterrichtet und habe bereits den Geheimrath Kowalscheck mit der Untersuchung beauftragt."

„Sie hätten solche Vorkommnisse verhindern müssen. Ein umsichtiger Beamter verhütet das Uebel! Waren Sie über das Treiben dieser Tollköpfe nicht in Kenntniß gesetzt?"

„Von diesem Plakaten hatte ich keine Ahnung, Majestät."

„Das fehlt noch, Rakow, daß gerade jetzt, wo ich im Begriffe bin, gegen die Türkei das Schwert zu ziehen und meine Armee nach dem Süden schicke, im Innern des Landes eine Revolution droht, daß man mir in meiner Residenz solche Herausforderung zu bieten wagt! Was wissen Sie von der Sache?"

"Die Nihilisten, Majestät, — denn von ihnen geht der Anschlag offenbar aus, — unterscheiden sich in ihren Grundsätzen wie in ihrer Denkungsweise nicht von den Socialdemokraten und den Communards des Auslandes. Auch sie verwerfen den religiösen Glauben und das christliche Sittengesetz. Sie sind erklärte Feinde des Staates und seines Oberhauptes und scheuen kein Mittel, um ihren Zweck: die Anarchie und völlige Beseitigung von Religion, Staat und sittlicher Gesellschaftsordnung, zu erreichen. Die eigentlichen Heerde des Nihilismus sind die hiesige medicinisch-chirurgische Akademie, die hiesige technologische Schule und die Petrowskische Ackerbau-Akademie in Moskau. Von diesen drei Anstalten geht die Propaganda aus, und zwar nicht allein von den Schülern, sondern leider zum Theil auch von den Lehrern. Von den wegen nihilistischer Umtriebe in Untersuchung Gezogenen besteht wenigstens ein Drittel aus Medicinern. Die socialistischen Studenten gehören zu den ärmeren, unter ihnen befinden sich viele polnische Israeliten. Sie terrorisiren nicht allein ihre den nihilistischen Lehren fremden Kameraden, sondern sogar die Professoren. Anstatt fleißig ihren Studien nachzugehen, halten diese jungen Leute heimlich Zusammenkünfte, in welchen systematisch gegen Staat und Regierung, gegen die Religion und die bestehende Gesellschaftsordnung declamirt wird. Kommt dann die Zeit des Examens, so werden die Professoren förmlich durch Drohungen gezwungen, den unwissenden Schülern gute Zeugnisse zu geben, so daß sie in einen höheren Cursus übertreten können. Die Unwissenheit dieser Leute wird nur durch ihre Anmaßung übertroffen. Zu den Nihilisten kommen noch die Nihilistinnen. Diese sind theils die Zöglinge der Hebammen-Institute, theils die Studentinnen. Von vielen Seiten wird mit Recht bedauert, daß die Regierung jungen Mädchen gestattet, den ganzen medicinischen Cursus durchzumachen. Nur wenige, sehr wenige bleiben dabei ehrbar und sittenrein. Sie befreunden sich bald mit Studenten, namentlich mit den Nihilisten, und rauchen und kneipen mit ihnen."

„So, das sind ja recht saubere Zustände; Sie kennen die Umtriebe und dulden sie?"

„Ich habe bereits über dreihundert Verhaftungen vornehmen lassen."

„Was aber, wie der Augenschein lehrt, nichts gefruchtet hat. Wer ist das Haupt der Agitation?"

„Noch weiß ich es nicht, Majestät, aber heute Abend —"

„Sie müssen unbedingt die Anstifter ermitteln; erst wenn das Haupt der Verschwörung zertreten ist, dürfen wir hoffen, das ganze Treiben ersticken zu können. Binnen vierzehn Tagen werde ich zur Armee in Rumänien abreisen; bis dahin will ich den Hauptwühler kennen und unschädlich gemacht wissen. Verstanden, ich will es! Bei meinem Zorne!"

Der Kaiser stampfte zornig mit dem Fuße auf den Boden und der zitternde Rakow verneigte sich fast bin zur Erde.

„Ich will Ruhe im Lande haben, bevor ich den heiligen Krieg zur Befreiung der Christen in der Türkei unternehme," fuhr der Czar fort, „ich will keine Schlangen im Herzen des Reiches zurücklassen, während die Armee in Asien und an der Donau in Action ist. Aber es genügt mir nicht, daß Sie einige hundert Menschen einsperren, die Ihnen verdächtig scheinen und vielleicht unschuldig sind; ich will Beweise, unwiderlegliche und vollgültige Beweise in Händen haben, daß Sie wirklich den oder die Hauptradelsführer ermittelt haben. Sonst — !"

Eine Handbewegung des Monarchen und der Stadthauptmann war entlassen. Er verließ gebückt, bebend

an allen Gliedern, das Cabinet. Er wußte nicht, w[ie]
er die Thür und seinen Wagen erreichte; Alles krei[ste]
vor seinen Augen und die weinrothe Gesichtsfarbe wa[r]
aschgrau geworden. So ungnädig hatte der gewalti[ge]
Kaiser, dessen Zorn Amtsentsetzung, Verbannung, g[ar]
den Tod bedeutete, nie mit seinem Liebling gesproche[n].
Und dieses mußte ihm, dem pflichteifrigen, strengen B[e]-
amten passiren! Er fühlte das allerhöchste Vertraue[n],
das ihm bisher geschenkt worden, erschüttert, verloren
und sah sich zurückgestoßen in das Nichts, aus dem er
sich mit mühevollem Ringen emporgearbeitet hatte.

Kalte Schweißtropfen perlten auf der Stirn des
Oberpolizeimeisters und seine Knie schlotterten, als er
sein Palais erreichte und aus dem Wagen stieg. Der
Kutscher erhielt eine schallende Ohrfeige, weil er nicht
schnell genug gefahren war, obschon die kleinen, flinken
Rosse über das Pflaster geflogen waren, und die Diener
zogen sich scheu zurück, da sie die entsetzliche Stimmung
ihres Gebieters gewahrten.

Aber ehe noch der General sein Bureau erreichte,
kehrte allmälig die Ruhe, die Selbstbeherrschung, das
Selbstbewußtsein zurück. Dem gefürchteten und allmächtigen Chef des geheimen Polizeiwesens war ja bis jetzt
Alles möglich gewesen; warum sollte es nicht möglich
sein, den Rädelsführer der Revolutionäre, das Haupt
der Nihilisten, binnen vierzehn Tagen zu ermitteln? Und
wenn dies geschehen, dann war Alles gut, dann stieg er
von Neuem in der Gunst des Kaisers, höher denn je!

„Ist der Geheimrath Kowalschek auf seinem Bureau?"
fragt Rakow einen Untergebenen.

„Der Herr Rath ist so eben zurückgekehrt."

„Ich erwarte ihn. Melden Sie dies zurück."

„Hier bin ich schon, Excellenz; ich bringe gute Botschaft."

Der kleine, schmächtige Mann mit dem Pergament-
gesichte stand neben ihm, ein Lächeln der höchsten Befrie-

digung umspielte die blutleeren Lippen und die grauen Augen funkelten wie die Augen eines Tigers, der seine Beute in den Krallen hält. Kowalscheck athmete schnell, er mußte sich sehr beeilt haben, dem General die „gute Botschaft" zu bringen.

„Haben Sie etwas ermittelt?" fragte Rakow hastig und faßte den dürren Geheimrath so heftig am Arme, daß dieser vor Schmerz beinahe aufschrie. Er zog ihn mit sich in sein Bureau und warf die Thür rasselnd in's Schloß.

„Zu dienen, Excellenz; ich weiß, was ich wissen wollte, ich habe die Natter!"

„Gottlob!" stöhnte der Stadthauptmann und ein tiefer Seufzer wälzte sich von seiner Brust „Sie kennen das Haupt der Bande, bester Geheimrath? Se. Majestät sind sehr ungehalten."

Der Rath lächelte und nickte. „Ja, ich kenne ihn."

„Und wer ist's? Heraus mit der Sprache! Foltern Sie mich nicht länger!"

„Der Mann, welcher die Seele der ganzen Agitation ist, Alles leitet und ordnet und als Verfasser der Brandschriften mir bezeichnet worden, heißt Feodor Gurbinski."

„Gurbinski? Derselbe der im Handelsministerium als Volontair arbeitet?"

„Derselbe, Excellenz."

„Können Sie Beweise für Ihre Behauptung einbringen?"

„Beweise? Das wird schwer halten, denn Gurbinski ist ein äußerst geriebener, verschlagener Mensch."

„Seine Majestät verlangen aber greifbare, unwiderlegliche Beweise der Schuld. Es genügt diesmal nicht, auf bloßen Verdacht hin Verhaftungen vornehmen zu lassen."

Der Geheimrath stand betroffen. „Solche directe Beweise werden unmöglich zu beschaffen sein," meinte er.

„Die Füchse sind viel zu schlau, als daß nicht längst Alles beseitigt wäre, was auch nur dem Schatten eines Beweises ähnlich sehen könnte. Die Haussuchung in der medicinischen Akademie verlief, wie ich voraussetzte, völlig resultatlos. Ebenso fruchtlos wird eine Durchsuchung der Wohnung Gurbinski's sein."

„Sukinsyn! Was hilft mir der Name des Burschen, wenn ich dem Kaiser nicht den Nachweis liefern kann, daß Gurbinski in der That der Agitator ist! Wo finden die geheimen Zusammenkünfte statt und wann?"

„Das habe ich noch nicht in Erfahrung bringen können, Excellenz; aber ich weiß, daß Gurbinski zwei bis dreimal in der Woche spät Abends seine Wohnung verläßt und nach Verlauf von mehreren Stunden geräuschlos zurückkehrt. Gestern war dies z. B. noch der Fall, also zur Zeit, als die Plakate verbreitet wurden. Er wurde von einem Unbekannten, offenbar einem Mitverschworenen, nach zehn Uhr aus seiner Wohnung geholt, verließ ziemlich aufgeregt das Haus und kehrte kurz nach Mitternacht zurück."

„Näheres wissen Sie nicht?"

„Noch nicht, Excellenz, aber ich werde es erfahren."

„Sie sind ein prächtiger Mensch, lieber Geheimrath, ein Capitalmensch, das Muster eines umsichtigen Beamten. Ich danke Ihnen. Forschen Sie weiter; die Spur ist gut. Aber Sie meinen, es würde unmöglich sein, directe Beweise zu beschaffen?"

Kowalscheck zuckte die Achseln.

„Nichts ist unmöglich! Diesmal darf es nicht unmöglich sein! Warten Sie . . . Ja, so wird's gehen Ha, ha! Ich werde Ihnen beweisen, daß ich meinen superschlauen Geheimrath noch an Schlauheit übertreffe. Meinen Sie nicht?"

„Das habe ich nie bezweifelt, Excellenz."

„Ja, ja, der Plan ist famos. Lieber Kowalscheck, Sie sind ein tüchtiger Beamter und haben Absicht auf meine Tochter Valeska. Würden Sie sich nöthigenfalls auch mit einer Witwe begnügen? Meine Tochter als Witwe? Hm?"

„Ich verstehe nicht,"... stotterte der verblüffte Rath, „Excellenz belieben zu scherzen."

„Scherzen? in diesem Augenblick? Nein, ich spreche im vollsten Ernste. Junge Witwen sind sehr interessant, nicht wahr? Gehen Sie, Sie sollen bald mehr von mir hören und erfahren, daß ich noch feiner calculire wie Sie!"

Der kleine Geheimrath schaute einen Augenblick drein, als habe sein Chef ihn auf Chinesisch angeredet; dann verneigte er sich und verschwand.

3.

Unmittelbar nachdem der Stadthauptmann Rakow das Cabinet des Czaren verlassen hatte, betrat der Generallieutenant und Polizeiminister Mesenzow, Chef der dritten Abtheilung der geheimen Kanzlei, dasselbe; auch ihn hatte der Kaiser zu sich befohlen.

Mesenzow war ein stattlicher Mann mit kühn gebogener Adlernase und einem großen, bis unter das Kinn herabhängenden Schnurrbarte. Buschige Brauen, an der Nasenwurzel zusammengewachsen, so daß sie eine dunkle Linie bildeten, überschatteten ein Paar tiefbrauner Augen, deren stechender Blick an einen Luchs erinnerte, der auf der Lauer liegt. Das Haupt war kahl, nur an den Seiten standen noch dichte Büschel ergrauenden Haares; die Züge waren eisern und hart und Niemand erinnerte sich, je ein Lächeln auf denselben gesehen zu haben. Mesenzow war die am meisten gehaßte und gefürchtete Persönlichkeit in ganz Rußland, denn seine Stellung hatte für das Reich dieselbe Bedeutung, welche die Stellung des Stadthauptmannes Rakow für die Stadt Petersburg hatte. Er stand an der Spitze jener Polizeiabtheilung, welche für das Leben des Kaisers verantwortlich ist und war als Chef der berüchtigten „dritten Abtheilung" Mitglied des Minister-Comités, Vorsitzender jeder geheimen Commission und Leiter aller der geheimen Comités, welche auf das Verlangen seiner blaugekleideten Lieblinge in der Provinz niedergesetzt wurden. Seine Organe griffen nach Belieben in die Thätigkeit der Justiz ein und sie verfolgten Sektirer und Falschmünzer mit demselben Eifer wie politische Verbrecher; kurz, Mesenzow war die Kreuzspinne in der Mitte jenes geheimen, unsichtbaren Polizei- und Spionennetzes, das seine Maschen über das ganze Reich zog, und alle die Fälle brutaler Mißhandlungen, Verfolgungen und heimlicher Verschickung nach Sibirien, die sich in den letzten Jahren so kolossal vermehrt haben, kommen auf sein Conto.

Von dem Treiben der sogenannten „dritten Abtheilung", d. h. der politischen Polizei Rußlands, und ihrer Thätigkeit kann man sich, so viel über dieselbe auch schon geschrieben worden, nicht leicht eine übertriebene Vorstellung machen; sie hat eine höchst interessante und lehrreiche Geschichte, aus welcher zu ersehen ist, daß, je mehr die russische Staatsregierung sich von den nationalen und sozialen Grundlagen des Volkslebens los sagte, sie umsomehr sich auf eine allgewaltige politische Polizei angewiesen fühlte, um die Ordnung wenigstens nothdürftig äußerlich zusammenzuhalten. Deshalb wurde dieses Institut, — welches als dynastische Geheimpolizei von Alters her bestanden hatte, — von Peter dem Großen zuerst als eine unentbehrliche Stütze des Thrones erkannt und benützt. Ihre Hilfe war es, durch welche er die Verschwörungen der alten national gesinnten russischen Gesellschaft entdecken und mit der ganzen Grausamkeit seines Charakters unterdrücken konnte.

Czar Iwan Wasiljewitsch, mit dem Beinamen der Schreckliche, (1533—1584) hat die Einheit und die absolute Herrschaft des Czarenthumes geschaffen; kaum weniger schrecklich hat Peter der Große diese absolute Macht entnationalisirt; ihr an Stelle der Grundlage, welche sie in der russischen Gesellschaftsordnung hatte, eine willkürlich geschaffene in der Bureaukratie gegeben, die er nach dem Muster des westlichen Europa ordnete. Zu seiner Zeit war noch genügend Lebenskraft in der alten ständischen Organisation des Volkes; ein wahrhaft großer, schöpferischer Geist hätte durch Neubelebung und Reform der nationalen Verwaltungsformen für Jahrhunderte den Antrieb zu einem mächtigen, eigenartigen Emporblühen jenes Reiches geben können. Aber Peter war nichts wie ein sklavischer Nachahmer schlechter fremder Vorbilder. Er hielt die Form für das Wesentliche, und indem er sein Volk in eine fremde, ihm feindselige, einzwängte, erstickte er den Geist oder verdarb ihn. Von da an bestand in Rußland eine Staatsmaschine, die, getrennt vom Volke rein formell ihre Aufgabe vollzog.

Da diese bureaukratische Maschine ihre sittliche Kontrole nicht im Volke finden konnte, mit dem sie des Zusammenhanges entbehrte, da das Volk den Staatseinrichtungen — abgesehen vom Czaren — fremd und feindlich gegenüberstand, so mußte über Staat und Gesellschaft eine Institution existiren, welche beide überwachte und die Sicherheit des Thrones verbürgte.

Paul I. (1796—1799) hob diese Geheimpolizei auf. Das Schicksal, welches ihn ereilte, (er ward in der Nacht vom 23. zum 24. März 1799 im Michaelowschen Palast überfallen und erdrosselt) konnte seine Nachfolger nicht zu einem gleichen Vertrauen begeistern.

Alexander I. (1799—1825) organisirte nach einem eigenhändigen Entwurfe Fouche's die bisherige Staatspolizei von Neuem, und zwar ungefähr so, wie sie noch heute besteht. Von den vier Abtheilungen des kaiserlichen Kabinetes ward sie die dritte und bald von einer alle anderen Institutionen überragenden Bedeutung. Chef dieser Abtheilung war regelmäßig eine schon durch Geburt und Rang angesehene Persönlichkeit, eine solche, die dem Kaiser nahe stand und sein besonderes Vertrauen genoß.

So fand Kaiser Nikolaus I. (1825—1856) diese Einrichtung vor. Zur selben Zeit war die nationale Schöpfung Peter's des Großen, der Tschin, die Beamtenhierarchie, in das tiefste Verderben versunken. Willkür und Bestechlichkeit herrschten unumschränkt. Selbst bei dem Offizierkorps war es um nichts besser. In den entfernteren Garnisonen geschah es, daß von den Obersten der Mannschaftsstand der Regierung als vollzählig verrechnet wurde, während die ganzen Cadres in den Bedienten der Offiziere bestanden. Es kam vor, daß zwei Oberste, deren Regimenter die Garnisonen wechseln sollten, einfach die Nummernknöpfe der Uniformen tauschten, aber die Marsch- und Verpflegungsgelder in die eigenen Taschen steckten. Freilich darf dabei nicht vergessen werden, daß Beamte und Offiziere so schlecht bezahlt waren, daß sie sich auf die Wahl zwischen Hunger und Betrug angewiesen sahen. Und mit dieser elenden Bezahlung blieb die Centralregierung oft noch Monate lang im Rückstand.

Je tiefer auf diese Weise die Bureaukratie sank, je mehr der Geist des Volkes sich von ihr abwandte und bei den Gebildeten phantastischen Idealen nachjagte, desto größer wurde die Bedeutung und Unentbehrlichkeit der Gensdarmerie, des Organs der dritten Abtheilung. Der ungetreue Beamte, hohen oder niedrigen Ranges, der orthodoxe Raskolnik, der revolutionäre Ideolog, Alle zitterten gleichmäßig vor den bekannten Grünröcken.

Alexander II., gekrönt 1856, war seiner ganzen Charakteranlage nach ein Feind dieser allmächtigen Staatspolizei. Die Reformen, welche er in der Verwaltung

einführte, die Verbesserungen der Justiz, die Gehalts=
erhöhungen der Beamten und ihre prompte Bezahlung
wirkten wohlthätig auf den Geist der Bureaukratie ein,
und die Gensdarmerie konnte sich mehr ihrem eigent=
lichen Berufe als Stütze der Kriminaljustiz zuwenden.
Es war in der That hohe Zeit dazu, denn die ihr zu
Theil gewordene Allmacht fing an, der Gensdarmerie
selbst gefährlich zu werden. Es waren auch bei ihr gegen
Ende der Regierungszeit Kaiser Nikolaus, bedenkliche
Zeichen der Zuchtlosigkeit und Unzuverlässigkeit hervor=
getreten.

Ein Jahrzehnt hindurch konnte so die dritte Abthei=
lung ihrer eigentlichen Aufgabe der öffentlichen Sicher=
heit nachleben, bis Alexander II., im Jahre 1866, als
Karakosow auf den Kaiser schoß, sich genöthigt glaubte,
den Charakter der politischen Staatspolizei wieder mehr
hervorkehren zu müssen. Die bureaukratischen Reformen
hatten die Frische ihres günstigen Eindruckes verloren;
von Neuem begannen Willkür und Bestechlichkeit sich
breit zu machen. Sie sind das natürliche Erbtheil jeder
centralisirten, dem sozialen Volksleben fremd gegenüber=
stehenden Bureaukratie.

Die Aufhebung der Leibeigenschaft, welche gleichfalls
nicht mit Berücksichtigung der nationalen Eigenart ge=
schehen ist und außerordentliche selbstsüchtige Sonderinte=
ressen verletzte, hat dem Throne neue und gefährliche Feinde
erweckt. Endlich hat der Fäulnißprozeß der höhern rus=
sischen Gesellschaft, ja aller sogenannten gebildeten Klassen
den denkbar höchsten Grad erreicht. Diese Elemente
stehen im unversöhnlichen Gegensatze zu der russischen
Kirche und in nicht weniger unversöhnlichem Gegensatze
zu dem russischen Staatswesen, das weder ihren natio=
nalen Grundsätzen noch ihren abenteuerlichen Phanta=
stereien Befriedigung geben kann. Die radicalsten und
gefährlichsten Revolutionäre von ganz Europa gehören
der russischen Nationalität an. Hiezu gesellen sich noch

die Panslawisten, die kein Mittel scheuen, um Rußland in Bahnen zu drängen, die mit den monarchischen Interessen des Herrscherhauses unverträglich sind. Alle diese Feinde der staatlichen Ordnung hat die dritte Abtheilung des kaiserlichen Kabinets zu überwachen und unschädlich zu machen. Ihre Macht ist seit 1866 auf's Neue bedeutend gewachsen, allein auch der Einfluß der geheimen Gesellschaften und die Zahl der politischen Morde hat in bemerkenswerther Weise zugenommen, und es ist begreiflich, daß die Geheimpolizei der Gegenstand des bittersten Hasses beim Volke geworden ist.

Die Gährung in Rußland ist von Jahr zu Jahr gewachsen, das Volk ist unzufrieden mit der Verwaltung, die Panslawisten sind unzufrieden mit der Regierung und die Nihilisten sammeln die Unzufriedenen, um mit ihnen gemeinschaftliche Sache zu machen. Der Absolutismus hat sich in Rußland als regierungsunfähig erwiesen und darum wird er über kurz oder lang zusammenbrechen, um einer andern Regierungsform Platz zu machen, denn auch der Thron des gewaltigen Beherrschers aller Reußen kann sich auf Polizei, Bajonete, Bureaukratie und Parteiherrschaft auf die Dauer nicht stützen. Die unzähligen Gebrechen des gegenwärtigen Regierungssystems schlagen Jedermann täglich zu sehr in's Gesicht, um nicht ein Stück von Sympathie mit Allem stets rege zu erhalten, was sich anheischig macht, diesem Regierungssystem ein Ende zu bereiten. —

Der Czar empfing den Polizeiminister mit einem Kopfnicken und lud ihn durch eine Handbewegung ein, ihm gegenüber Platz zu nehmen.

„Sie werden wissen, Mesenzow," sagte er, um was es sich handelt. Gerade im jetzigen Augenblicke sind mir solche Erscheinungen höchst fatal. Ich habe Rakow bereits den Befehl ertheilt, unter allen Umständen die Urheber des Anschlags, die ich in Petersburg vermuthe, zu ermitteln; Ihre Aufgabe ist eine weitergehende und größere. Sie werden sofort nach Moskau abreisen."

Der Chef der Gendarmerie verneigte sich, doch wagte er die Bemerkung; „Majestät, ich glaube dem Treiben einiger unruhiger Köpfe keine große Bedeutung beilegen zu sollen."

„So? Das einfache Bewußtsein, daß eine Schaar von Leuten den Muth hat, offen gegen die Regierung aufzutreten, hat viel Verlockendes für die Tausende, die sich nach einer Unterbrechung des Einerlei sehnen. Welche speziellen Zwecke auch die Anstifter von revolutionären Erlassen und Putschen verfolgen mögen, sie haben der Welt die Meinung beigebracht, als ob sie eine zahlreiche Partei hinter sich hätten, sie beunruhigen die Bevölkerung und suchen vor allem die Ueberzeugung allgemein zu machen, daß das gegenwärtige Regime nicht mehr fortbestehen könne und weitgehende Veränderungen nothwendig und unvermeidlich seien."

„Majestät . . ."

„Unterbrechen Sie mich nicht, Wesenzow; ich bin genau von Allem unterrichtet. Trotz der Stellung, die wir einnehmen, können wir doch nicht gänzlich von den politischen Meinungen absehen, die in immer größeren Kreisen Platz greifen. Mit den Moskauer Slawisten namentlich haben wir stets rechnen müssen, so nach dem Krimkriege, beim letzten polnischen Aufstande und so auch jetzt bei Beginn des Krieges gegen die Türkei. Wir müssen uns des Druckes der Slawisten zu entledigen suchen."

„Machen wir Atsakow unschädlich, Majestät!"

„Noch nicht, es wäre zu früh und würde die Zahl und den Muth der Unzufriedenen nur erhöhen. Auch kann ich den General Ignatiew, den Sohn meines langjährigen Vertrauten, nicht abschütteln, obschon mir seine Verschuldungen bekannt sind. Seine persönliche Gewandtheit thut uns gute Dienste und sein Anhang in Moskau ist groß. Suchen Sie sich den Slawisten zu nähern, scheinbar wenigstens. Ich halte dies um so mehr für geboten, als gerade jetzt der Nihilismus trotziger denn je sein Haupt erhebt. Wenn er auch dem Staate nicht unmittelbar gefährlich ist, so bereitet er uns doch mancherlei Verlegenheiten und Aerger. Verbinden sich diese kleinen Stiche der Nihilisten mit den Angriffen und der dauernden Gegnerschaft der Slawisten, so ist unser Standpunkt nicht leicht, und gerade jetzt muß dies vermieden werden, wo es gilt, alle Kräfte des Volkes aufzuraffen und wo die Armee im Begriffe steht, nach dem Süden auszurücken. An verletzbaren Stellen des Regierungskörpers fehlt es keineswegs," setzte der Kaiser unwillig hinzu: „die Mißwirthschaft kann leicht aufgedeckt werden in allen Zweigen der Verwaltung, und selbst meine Brüder sind ebensowenig sicher vor den Anklagen des Volkes, als die letzten Beamten der Intendantur. Hier ist uns das moskauer Slawenthum mit seiner katonisch strengen Redlichkeit und seinem unbegrenzten Nationalgefühl in der That gefährlich, und hier müssen Sie eingreifen, Mesenzow! Ihre Instructionen erhalten Sie heute noch und dann reisen Sie unverzüglich ab."

Der Polizeiminister verneigte und erhob sich; auf seinem Antlitze malte sich das helle Erstaunen ab, daß der Kaiser über Dinge so genau unterrichtet war, die er ihm stets zu verheimlichen bemüht gewesen. Mit sehr gemischten Gefühlen verließ Mesenzow das Cabinet des Czaren, — die ihm begegneten, entsetzten sich vor dem finstern Gesichte des Generals, den sie nie so grimmig gesehen.

4.

Der Stadthauptmann Rakow lachte hellauf, als der Geheimrath Kowalscheck ihn verlassen, denn die Verlegenheit des Mannes amüsirte ihn; dann legte er Orden, Degen, und Gala-Uniform ab, warf sich in einen bequemen Hausrock, verließ das Bureau und begab sich in den Flügel des Palais, der ihm als Privatwohnung diente.

„Ist meine Tochter Valeska auf ihrem Zimmer?" fragte er die Zofe Daria, die ihm auf dem Corridor begegnete.

„Zu dienen, Excellenz, das gnädige Fräulein musicirt."

Daria knixte und eilte, sich möglichst fest an die Wand drückend, vor dannen; ihr Bemühen, dem General auszuweichen, wurzelte freilich nicht in der Furcht vor Ohrfeigen.

Rakow stieg die Treppen hinan und betrat, was sonst sehr selten zu geschehen pflegte, die Appartements seiner beiden Töchter. Olinka war abwesend, Valeska saß vor dem Flügel und spielte Chopin'sche Weisen; klagend und schwermüthig durchrauschten die Klänge des Instrumentes den Saal.

Beim Eintritt ihres Vaters erhob sich die junge Dame erstaunt und ging ihm entgegen.

„Ich komme, Kind, nach Deinem Befinden zu sehen und freue mich, wahrzunehmen, daß das Unwohlsein von gestern Abend nicht nachhaltig ist."

„Deine Fürsorge überrascht mich, Papa," versetzte Valeska kühl; sie ahnte, daß ein anderer Grund ihn zu ihr geführt.

Er ließ sich in einen Sessel nieder und die Tochter nahm dem Vater gegenüber Platz.

„Sind wir allein, Valeska?"

„Ja, Papa; Olinka besucht eine Freundin und wird

vor Ablauf einer Stunde schwerlich zurückkehren. Was gibt's?"

„Fürst Zaranzow war wenig erbaut davon, daß Du gestern sein Haus so schnell verließest. Ich will Dir Deine Laune diesmal verzeihen; das nächste Mal handelst Du tactvoller."

„Ich werde in Zukunft jedesmal so handeln, wenn Geheimrath Kowalscheck mich mit Zudringlichkeiten verfolgt. Ich kann den Menschen nun einmal nicht leiden."

„Du bist eine Thörin, eine Schwärmerin, und wirst mit der Zeit noch vernünftiger denken lernen. Kowalscheck ist ein tüchtiger Beamter, der eine Zukunft hat. Doch lassen wir das. Ich habe Dir wichtigere Dinge mitzutheilen."

„Ich bin gespannt."

Rakow erzählte seiner Tochter kurz die Veranlassung, die ihn zum Kaiser geführt und die Forderung, die der Czar an ihn gestellt.

„Aber was kümmert mich diese Angelegenheit?" fragte Valeska verwundert. „Du pflegst mich doch sonst nicht in derartige Dinge einzuweihen, da, wie Du zu sagen pflegst, die Frauen sich um die Politik und Staatsgeschäfte nicht zu kümmern haben."

„Freilich, aber keine Regel ohne Ausnahme. Ein Sprüchwort unseres Landes sagt auch: „Zehn Weiber haben erst eine Seele," aber ich denke, Du hast diesmal für zehn Frauen Seele und Muth."

„Ich verstehe Dich nicht, Papa."

„Begreifst Du denn nicht, Kind, daß meine Stellung, mein Ansehen, meine ganze Existenz auf dem Spiele steht? Begreifst Du, was es heißt, der Kaiser zürnt und ich, als Chef der Geheimpolizei, kann seine Forderung nicht erfüllen?"

„Das begreife ich, wenn ich auch glaube, daß Du zu schwarz siehst, da Du der Liebling des Czaren bist und das allerhöchste Vertrauen im vollsten Maße genießest; aber ich begreife nicht, was ich in der Sache thun kann."

„Sehr viel, Alles, Valeska! Du allein kannst und sollst mich retten. Schlägst Du diese Bitte Deinem Vater ab?"

Bitte! Dieses Wort kam selten über die Lippen des gefürchteten Mannes, der nur zu befehlen, zu fordern gewohnt war. Valeska schauderte, als sie dieses Wort hörte, denn es ließ sie die Größe des Opfers ahnen, das sie bringen sollte.

„Erkläre Dich deutlicher," sagte sie tonlos.

„Wir kennen den Namen des Hauptverschwörers, wir wissen, wer die Seele dieser Revolutionäre ist; aber die Beweise beschaffen, welche Se. Majestät fordert, die unumstößlichen Beläge, daß wir in dem Manne wirklich den Rädelsführer entdeckt haben, das kannst nur Du! Und gerade in dieser Sache rechne ich auf Deine Beihülfe."

Valeska blickte erstaunt, fragend, fast entsetzt auf ihren Vater. Redete er irre? Hatte des Kaisers Groll seinen Verstand verwirrt? „Seit wann verwendest Du denn Deine Töchter im Polizeiwesen?" fragte sie nach einer Pause; „hast Du noch nicht geheime Agenten genug?"

„In diesem Falle hilft mir kein Agent, auch der verschlagenste nicht, sonst würde Kowalscheck mit der Mission betraut werden. Doch höre, ich muß mich deutlicher erklären: Vor der Frau hat kein Mann Geheimnisse, selbst bei politischen Intriguen nicht. Die Frau, die einigermaßen schlau ist, erfährt alles, was sonst der ganzen Welt, selbst dem besten Freunde verborgen wird, weil die Interessen des Mannes und der Frau solidarisch sind. In vierzehn Tagen kann eine Frau, die einigermaßen ihre Rolle gut spielt, erfahren, wo der Mann seine Papiere aufbewahrt, welchen Verbindungen er angehört, zu welchen Stunden er das Haus verläßt und

wann er zurückkehrt, sie kennt seine Gesinnungen, seine
Handlungen, Alles, — wenn sie will. Gibst Du dies
zu, Valeska?"

„Ein Mann, der seine Frau liebt, wird allerdings
kein Geheimniße vor ihr haben und ihr in allen Dingen
Vertrauen schenken."

„Gut; es freut mich, daß Du dies einsiehst, und
nun höre meinen Plan." Der Vater zog seinen Sessel
näher an Valeska heran, neigte sein Haupt zu ihr hin
und sagte in gedämpftem Tone: „Den Hauptverschwörer
sollst Du heirathen und zwar sofort! Du schmeichelst
Dich in sein Vertrauen ein und binnen vierzehn Tagen
lieferst Du mir die Beweise in die Hände, daß er der
Chef der Revolutionäre ist."

„Vater!"

Valeska war, wie von einer Feder emporgeschnellt,
in die Höhe gefahren und stand jetzt, bleich und vor Entrüstung bebend, dicht vor ihrem Vater. Ihre weißen Hände
hatten sich unwillkürlich geballt, und plötzlich schoß eine
jähe Blutwelle in ihr Antlitz; es war die Röthe der
Scham, daß man ihr so etwas zu bieten gewagt. Das
Wort „Vater!" das sie wie einen Wehruf ausgestoßen,
hatte gellend die Ruhe des Gemaches durchzittert. Ihre
Haltung war drohend, die Augen blitzten und die Lippen
zuckten. So hatte Valeska noch nie, und wol noch kein
Mensch vor dem Stadthauptmann von Petersburg gestanden.

„Ich hatte erwartet," sagte dieser ruhig, ohne ein
Glied zu rühren, „daß der Vorschlag Dich im ersten
Augenblicke seltsam anwandeln werde; ruhige Ueberlegung wird Dich aber eines andern belehren. Bedenke,
daß meine und Deine Zukunft auf dem Spiele steht,
daß dies das einzige Mittel ist, den schlauen Fuchs zu
überlisten. Bedenke, daß ich die Beweise haben muß,
wenn ich nicht meine Stellung verlieren und in allerhöchste Ungnade fallen soll. Und was ist Großes dabei?

Du heirathest den Mann und bist in vierzehn Tagen eine allseitig bedauerte, höchst interessante Witwe, der man gratulirt, daß sie sobald von einem staatsgefährlichen Gatten befreit worden. Kein Mensch erfährt vorläufig den wahren Sachverhalt, Niemand soll ahnen, daß Du den erlaubten Verrath ausgeübt hast. Es gilt aber nicht blos meine Stellung, es gilt auch das Wohl des Vaterlandes, und wenn ich dem Kaiser später vertraulich mittheile, daß er Dir die Unschädlichmachung seines erbittersten Gegners verdankt, dann wird er sich Dir in fürstlicher Weise erkenntlich zeigen ... Valeska, eine politische Nothwendigkeit zwingt Dich und mich zu diesem Schritte; Du greifst mit fester Hand in ein fluchwürdiges Intriguennetz, welches das ganze Getriebe der Staatsmaschine aufhalten, vernichten will. Du übst nicht Verrath, Du wirst die Retterin des Reiches, des kaiserlichen Hauses, der romanow'schen Krone. Auch eine Judith mag gebebt haben, als ihr zuerst der Gedanke kam, den Feind ihres Volkes, den Holofernes, zu tödten. Aber sie schmeichelte sich in sein Vertrauen ein, tödtete ihn, und die Geschichte preist sie als Heldin! ... Den Revolutionär wird sofort der Tod ereilen, denn der Kaiser will, bevor er in den Krieg zieht, das Haupt der Verschwörer vernichtet wissen, — und Du, Valeska, heirathest dann ganz nach Deiner Wahl. Jeder Schwiegersohn, der Dein Herz gewinnt, soll mir dann willkommen sein, und ist Dir der Geheimrath Kowalscheck nicht genehm, so werde ich Dich zur Heirath mit ihm nicht drängen."

Rakow hatte ruhig, aber eindringlich, jedes Wort gleichsam abwägend, gesprochen und als er jetzt schwieg, hingen seine Augen erwartungsvoll an dem Munde seiner Tochter.

Diese stand noch immer vor ihm, hochglühend und zitternd, aber unfähig, ein Wort über ihre Lippen zu bringen. Die Entrüstung über das schmachvolle Ansinnen schnürte ihr die Kehle zu Sie rang nach Athem, die Brust wogte heftig auf und ab und endlich stieß sie die Worte hervor: „Und dies wagst Du mir anzubieten? So tief stehe ich in Deiner Meinung, daß Du mich des schmählichsten Verrathes fähig hältst; so wenig liebst und achtest Du Dein Kind, daß Du es der Sucht, als tüchtiger Beamter zu gelten, kaltblütig opferst? Vater, das hätte ich nicht für möglich gehalten!"

„Keine Lamentationen!" brauste der General auf und die Adern seiner Stirn schwollen an; „ich befehle es Dir und Du hast zu gehorchen!"

„Tödte mich, Vater, wirf mich in den Kerker, schicke mich in die Verbannung, wie meine ..., wie so viele Andere; aber verlange keine Judasthat von mir!"

Valeska sank auf die Knie und erhob bittend die Hände; allein sie besann sich sofort, daß dies auf den kalt berechnenden Vater keinen Eindruck mache, daß Schwäche und Thränen, Bitten und Verschwörungen hier nicht am Platze seien; sie mußte fest und entschieden auftreten, seiner Herzlosigkeit Willenskraft, seiner empörenden Forderung ein energisches Nein entgegensetzen. Sie erhob sich daher und fuhr, ohne ihm Zeit zu Entgegnung zu lassen, mit fliegendem Athem fort: „Oder verlangst Du keine Judasthat? Ich soll einem mir völlig fremden Manne Liebe heucheln, ihn heirathen, um ihn vor die Gewehrläufe der Soldaten zu bringen; ich soll seine Mörderin, eine elende Denunciantin werden! Bin ich denn eine Waare, die man an den ersten Besten verschachert, — und wird er auf Deinen Plan eingehen? Wird er nicht den Verrath wittern und doppelt vorsichtig sein?"

„Dafür laß mich sorgen; der Mensch hat es verstanden, sich in den Ruf loyaler Gesinnung zu bringen; er ist sogar Subalternbeamter im Ministerium und würde das Vertrauen, das ich ihm beweise, indem ich ihm meine Tochter zur Frau gebe, um so freudiger be=

grüßen, als er hierdurch gedeckt, seine revolutionären, staatsfeindlichen Umtriebe um so sicherer fortsetzen zu können glaubt. Ich will die Worte, die Du in der Erregung gesprochen, nicht gehört haben, Valeska, ich fordere zum letzen Mal Gehorsam, — und Du wirst erfahren, zu welchen Schritten ein zur Verzweifelung getriebener Vater, der zugleich Oberpolizeimeister ist, fähig sein kann!"

Rakow hatte sich ebenfalls erhoben und stand dicht vor seiner Tochter; beide maßen sich einen Augenblick mit Blicken, die mehr besagten, als Worte es vermocht hätten. Die Nachricht, daß der Chef der Revolutionspartei ein Beamter im Ministerium sei, hatte Valeska stutzig gemacht, und die Hand auf's wild pochende Herz pressend, als wappne sie sich, ein furchtbares, entsetzliches Wort zu hören, fragte sie nach einer peinlichen Pause: "Wie heißt der Mann?"

"Ich will Dir den Namen in der festen Voraussetzung, daß Du auf meinen Plan eingehest, nennen. Würdest Du Dich dennoch weigern und von meinem Geheimniß einen Gebrauch machen, der mit Landesverrath gleichbedeutend wäre, — ich würde dich tödten! Der Mann heißt: Feodor Gurbinski."

Ein leiser, halb verstickter Aufschrei zitterte über Valeska's Lippen. Mit beiden Händen griff sie nach ihrem Herzen, dessen Schlag eine Sekunde aussetzte, um dann doppelt heftig zu pochen; es flimmerte vor ihren Augen; sie fühlte, wie Leichenblässe ihr Gesicht überzog, wie es sie kalt, eisigkalt überlief und sie sank, mit beiden Händen nach der Lehne tastend, rücklings in den Sessel. Aber diese Schwäche dauerte nur eine Minute; schnell fand Valeska ihre Selbstbeherrschung wieder, und das Bewußtsein, in welcher Gefahr ihr Geliebter schwebe, verdrängte gar bald das Entsetzen, das sie in Folge der überraschenden Enthüllung befallen. Es galt jetzt, gefaßt sein und muthig den Dingen in's Auge sehen, deren Lauf sie ohnehin nicht zu hindern vermochte; sie mußte gleichgiltig erscheinen und sich hüten, durch irgend ein Wort ihre lodernden Gefühle zu verrathen; schon fürchtete sie, zuviel verrathen zu haben, allein der ahnungslose Vater schrieb die momentane Schwäche der ungewöhnlichen Aufregung seiner Tochter zu. Das zuckende, bangende Herz mußte mit Gewalt niedergehalten werden, denn ein Blitzstrahl aus dessen Tiefe würde den Geliebten unrettbar vernichtet haben.

Valeska erhob sich langsam, zitternd an allen Gliedern; ihr Antlitz war wachsbleich, jeder Blutstropfen war aus demselben gewichen, nur das thränenlose, unheimlich leuchtende Auge verrieth die volle Thätigkeit der jungen, energischen Mädchenseele.

„Vater," hub sie nach einer Weile an, „Deine Forderung ist grausam. Gibt es keinen Ausweg, keinen Mittelweg?"

„Keinen," versetzte Rakow kalt und herbe, „eine dritte, fremde, Person darf ich nicht in's Geheimniß ziehen. Willst Du oder nicht? Ich verlange Bescheid!"

„Gib mir eine Stunde Bedenkzeit; ich muß mit mir selbst zur Ruhe kommen."

„Gut, komme zu Dir, aber die Antwort muß eine zusagende sein. Ich will kein abermaliges Nein! Ruhige Ueberlegung wird Dir sagen, daß wir uns der Nothwendigkeit beugen müssen und daß ich lange nicht so „grausam" bin, als es auf den ersten Blick Dir scheinen mochte."

Er wandte sich kurz ab und verließ das Gemach.

Jetzt erst, als Valeska allein war, brach ihre Kraft und die mühsam bewahrte Fassung; sie warf sich auf einen Divan und barg das blasse Antlitz mit den kalten Schweißtropfen auf der Stirn und den heißen Thränen in den Augen in beide Hände. Lange starrte sie vor sich hin, regungslos, an Geist und Körper gleichsam gelähmt. Es war ihr, als habe sie einen Keulenschlag auf den Schädel erhalten, der sie betäubt und ihr Denken verwirrt hatte. Sie litt unter der Gesammtwirkung, unter dem gewaltigen Drucke furchtbarer Thatsachen und noch furchtbarerer Aussichten, ohne daß sie sich alle Einzelheiten hätte klar machen können. Erst allmälig, als der Schrecken und die Bestürzung nicht mehr mit der ersten niederschmetternden Wucht auf ihr lasteten, war dies möglich, und sie begann die Sachlage nach allen Seiten hin zu prüfen und zu erwägen. Daß Gurbinkzi das Haupt der Revolutionspartei war, schmerzte sie, — nicht der Sache selbst wegen, denn Valeska hatte sich nie um Politik gekümmert, sondern weil seine Stellung zum Kaiser ihn in Gefahr brachte und die erhoffte Verbindung unmöglich erscheinen ließ. Die Tochter des Generals zweifelte keinen Augenblick an der Richtigkeit dieser Nachricht, denn sie selbst hatte schon geglaubt, beobachtet zu haben, daß Feodor ein Geheimniß auf dem Herzen trage, und der gegentheiligen Versicherung Feodors maß sie keinen höheren Werth bei, als den, sie zu beruhigen. Aber daß der Geliebte ein Revolutionär war, hatte mit dem Herzen Valeska nichts zu thun; sie liebte ihn deshalb nicht weniger, im Gegentheil um so mehr, je größer die Gefahr war, die ihm drohte. Was sollte sie thun?

Konnte, durfte sie auf den verbrecherischen Vorschlag ihres Vaters eingehen, um den geliebten Mann nach kurzem Glückstraume dem Henker auszuliefern? Nimmermehr! Und wenn sie sich weigerte, unter diesen Bedingungen Feodor's Weib zu werden, war er dann nicht ebenso rettungslos verloren? Der Verdacht lastete einmal auf ihm; er war ihrem Vater als Anführer der Verschwörer bekannt, und sie wußte, daß die Geheimpolizei Niemand aus ihren Fängen ließ, den sie einmal in denselben hatte. Deshalb wäre auch jede Warnung und der Rath, Rußland sofort zu verlassen, vergebens gewesen, — sie wußte Gurbinski von tausend Augen

bewacht; aus der Stadt über die Grenze konnte er nicht
mehr. Und Feodor heirathen und ihm dann gestehen, wes=
halb sie ihn zum Manne nehmen mußte, das schien ihr
ebenfalls unmöglich; sie hätte das Wort nicht über die
Lippen bringen können: ich durfte Dein Weib werden, um
als Spion in Deiner Nähe zu sein und Dich zu verrathen!

Alle diese Gedanken bestürmten in schnellem Fluge
das rathlose Mädchen und sie zermarterte ihr Gehirn
mit tausend Plänen. Langsam schritt sie, beide Hand=
flächen wider die Dämme ihren Schläfen pressend, in dem
Zimmer auf und ab, und Minute um Minute verrann.
Nur noch eine halbe Stunde, und die Entscheidung
mußte fallen!

Folgendes war Valeska klar. Gurbinski war ver=
loren, gleichgiltig, ob sie die Forderung ihres Vaters
annahm oder nicht. Verrathen durfte sie den Geliebten
nicht, aber auf irgend eine Weise konnte sie ihn warnen.
Sie beschloß demnach, scheinbar ihrem Vater zu Willen
zu handeln, in der Hoffnung, in der vom Kaiser festge=
setzten Frist von 14 Tagen Gelegenheit zu finden, ihren
Mann — und sich selbst zu retten.

Dieser Entschluß gab ihr Muth und neue Kraft. Sie
strich die Thränen aus den Augen, setzte sich an ihr
Schreibpult und warf folgende Zeilen auf ein Billet:

„Mein Lieber! Mein Vater will, daß wir sofort
heirathen; er wird Dich vielleicht noch heute zu sprechen
wünschen. Sei vorsichtig und verrathe mit keinem Worte,
daß wir uns früher gekannt und daß wir uns lieben.
Gehe scheinbar befremdet, sogar widerstrebend auf seinen
Wunsch ein. Das Räthsel werde ich Dir lösen, sobald
ich Deine Frau bin. Valeska."

Die junge Dame schellte und befahl ihrer Zofe Daria,
die alte Kinderfrau zu ihr zu senden; auf deren Zuver=
lässigkeit konnte sie bauen. „Nicht wahr, Njanja, Du
bist mir treu?" redete sie die Alte an, als diese er=
schien und ihr die Hand küßte.

„O, Sudarinja Valeska," betheuerte diese und legte die Hände auf's Herz, „ich lasse mein Leben für mein theures, gnädiges Fräulein."

„Das verlange ich nicht, Njanja, aber daß Du diesen Brief schnell besorgst. Versprich mir, niemals — verstehst Du, — niemals einem Menschen zu sagen, daß Du es gethan, auch Keinem die Adresse zu verrathen."

„Bei der heiligen Muttergottes von Kasan schwöre ich es!"

„Gut, hier ist der Brief. Du gibst ihn nur dem Herrn Gurbinski und kehrst sofort zurück. Sei auch vorsichtig, daß Du das Schreiben nicht verlierst, daß Niemand es Dir entreißt, — verberge es in Deinem Kleide, so; zeige Dich des Vertrauens würdig, das ich Dir schenke."

Die Alte küßte wiederholt den Saum des Kleides ihrer Herrin und verließ, nachdem ihr Valeska die Wohnung Gurbinski's genau beschrieben hatte, tief knirend das Gemach. Die treue Njanja hätte sich eher todt schlagen, als sich den Brief entreißen lassen, das wußte die Sudarinja.

Kurze Zeit nachher erschien der Vater wieder bei seiner Tochter; er war stets pünktlich auf die Minute.

„Nun, Valeska, hast Du Dich besonnen?"

„Ich lese in Deiner Miene, daß mir keine Wahl bleibt."

„Darin hast Du recht. Du heirathest also den Menschen."

„Ja, ich bringe das Opfer."

Die finsteren Züge Rakow's hellten sich auf; es war, wie wenn die Sonne durch dunkles Gewölk bricht; er mochte an den Sieg doch so recht nicht geglaubt haben.

„Es freut mich, daß Du vernünftig genug bist, die Nothwendigkeit einzusehen," sagte er, Valeska die Hand reichend, „ich wußte, daß meine Tochter das Wohl ihres Vaterlandes und ihres Vaters über kleinliche Bedenken stellt. Und Du wirst mir binnen vierzehn Tagen die

Beweise beschaffen, daß dieser Gurbinski der Hauptrevolutionär ist?"

„Ich will mich bemühen," hauchte Valeska, über diese Lüge bis unter die Haare erröthend.

„Du mußt es, sonst wäre ja das „Opfer" zwecklos. Ich werde jetzt sofort die nöthigen Schritte thun, um den Plan zu verwirklichen." Er berührte leicht mit seinen Lippen die kalte Stirn seiner Tochter und schritt davon. Rakow athmete erleichtert auf und ein boshaftfreudiges Lächeln umspielte seine breiten Lippen.

5.

Olinka (Schmeichelname für Olga), die jüngere Tochter des Stadthauptmannes und Valeska's Halbschwester, stand in ihrem Boudoir an einem der straßenwärts gelegenen Fenster und blickte träumerisch hinab auf die bewegte, vorbeifluthende Volksmenge. Das junge Mädchen war so eben von einer Morgenpromenade zurückgekehrt und hatte vergebens an Valeska's Zimmer angeklopft, welche sich unter dem Vorwande, nicht ganz wohl zu sein und der Ruhe zu bedürfen, eingeschlossen hatte; und so stand Olga allein da mit ihren Träumereien. Denn daß sie träumte, daß das junge Köpfchen goldene Schlösser baute aus dem Material, welches das übervolle siebzehnjährige Mädchenherz ihr an die Hand gab, das zeigte ein Blick in die sinnenden, weltverlorenen Augen.

Olga liebte die Blumen und pflegte sie mit einer Sorgfalt, die an Peinlichkeit grenzte; sie war aber auch stolz auf ihre zarten Pfleglinge, die in vielen Töpfen und wohl geordnet terrassenförmig ein von Goldfischchen und Salamandern belebtes Aquarium umstanden. Die kraftlose Frühlingssonne lachte durch die Fensterscheiben, und die Blumen reckten ihr die bunten Köpfchen entgegen. Zwergpalmen, breitblätterige Blattpflanzen und exotische Gewächse umsäumten vielfarbige Anemonen, Hyacinthen und süßduftende Heliotropen, und den Hintergrund bildeten hochstämmige Gummi-, Oleander- und Lorbeerbäume.

„Hätte euch beinahe heute vergessen," sagte Olinka nach einer Weile vom Fenster zurücktretend; sie nahm die kleine Gießkanne, schlug die weiße, spitzenberänderte Schürze, die sich gar anmuthig von dem rosarothen Kleide abhob, etwas zurück und tränkte die Blumen. Wie die verkörperte Flora stand Olga zwischen den Pflanzen, selbst eine frisch aufblühende Rosenknospe, und das Ganze bot ein Bild so voll Liebreiz und Poesie, wie der Pinsel eines Malers es schöner nicht hätte schaffen können.

Olinka war trotz ihrer Jugend schon ziemlich entwickelt; diese Entwicklung war fast plötzlich eingetreten und aus dem munteren Kinde so zusagen über Nacht eine prächtige Jungfrau erblüht. Sie wahr schlank gebaut und ihr ganzes Auftreten und Wesen verrieth eine Vornehmheit und einen gewissen Grad von Selbstbewußtsein, daß neidische Zungen Olga stolz nannten.

Eine blendende Schönheit war sie freilich nicht; ihrem Antlitze fehlte jener bestrickende Zauber, der die Männer im ersten Momente magisch anzieht und fesselt, ein Zauber, der aber leider in der Regel nicht natürlich ist und auf Coquetterie beruht. Ihr sanftes Auge strahlte kein Feuer, keine Leidenschaftlichkeit aus, wol aber spiegelte dasselbe die Reinheit und Unschuld der Seele, die Schönheit eines unentweihten Herzens ab, auf welche der Hauch der Welt, der vergiftende Dunst der vornehmen russischen Gesellschaft noch keinen Schatten geworfen. Das runde Gesichtchen mit den gesunden, blühenden Wangen, die an eine aufbrechende Rosenknospe erinnerten, der kleine Mund mit den kirschrothen Lippen und der edel geschnittenen Nase, waren von einer Anmuth umflossen, die unwillkürlich an die Römerin

Vignarola gemahnte, welche Raphael als Vorbild seiner berühmten Madonna della Sedia gedient.

Olga war für Jeden, der echten, reinen Naturwein höher stellt, als den prickelnden, künstlich fabricirten Schaumwein, eine umso lieblichere Erscheinung, als ein Weib, das durch den dämonischen Zauber seiner Schönheit blendet, zwar zeitweilig, aber selten auf die Dauer die Männerwelt fesseln kann; Olga dagegen mußte man, je mehr man sie kennen lernte, um so mehr liebgewinnen, denn mit einem offenen, edlen Character paarte sich so viel Schelmerei, übersprudelnde Munterkeit und Naivetät, eine solch' herzgewinnende, von jeder Sucht zu gefallen weit entfernte Natürlichkeit, daß man, wenn man aus der Gesellschaft vieler Damen der petersburger Gesellschaft zu Olga trat, glauben mochte, aus einem Treibhause mit exotischen Gewächsen in einen frisch und süß duftenden Blumengarten zu treten, aus welchem die Kunst und Künstelei die Natur, das natürlich Einfache und Schöne, noch nicht verdrängt hatte.

Es mochten kaum zwei Jahre her sein, daß die nunmehr verstorbene Mutter zu Olinka gesagt hatte: „Kind, Du wächst mir noch über den Kopf!" — und dann wurden die kurzen Röckchen mit einem langen Kleide vertauscht; die kindlichen Spiele, das fröhliche Jagen und Springen, — Alles trat allmälig in den Hintergrund und machte anderm Denken und Fühlen Platz.

Olga war in einem Pensionate erzogen worden und seit sie dasselbe verlassen, hatte ein alter, würdiger Professor, ein langjähriger Freund der Familie, ihre weitere Ausbildung übernommen. Sie nahm, nachdem die Blumen und Pflanzen getränkt worden, ein Photographie-Album zur Hand, welches außer den Bildern der näheren Verwandten die Photographien vieler Mitschülerinnen und Freundinnen enthielt. Mit diesen Mädchen hatte sie gespielt, gesungen, gescherzt, musicirt, getollt und gelernt. Wo waren sie nun? In alle Welt zerstreut, vielleicht auf Nimmerwiedersehen. Sie lebte beim Anschauen der Bilder wieder ganz in der Vergangenheit und erinnerte sich mit Wehmuth der schönen Kindheit und des schweren Abschiedes vom Pensionate und den Gespielinnen. Eine Thräne umflorte Olga's Auge . . . dann nahm sie von dem zierlichen Tischchen mit den Nippsachen ein Album, das auf jedem Blatte kurze Sinnsprüche, meist Gedichte enthielt, Glückwünsche für's fernere Leben, Versicherungen ewiger Freundschaft und sonstige Widmungen, welche die ehemaligen Gefährtinnen in zierlicher Schrift dort niedergelegt. Wie lebendig trat jetzt bei jedem Spruche das Bild der Schreiberin vor Olga's Seele, — sie ward wieder ganz Kind! Auch getrocknete Blumen, Vergißmeinnichtkränze und ähnliche Erinnerungen enthielt das Album, das von der Besitzerin als liebwerthes Andenken hochgeschätzt wurde, denn noch hatten süßduftende Billets und zarte Briefe eines „stillen Verehres" das Album nicht in den Hintergrund gedrängt.

Daria trat ein und überreichte Olga einen Brief.

„Fräulein, ich soll Ihnen den Brief persönlich abgeben," sagte die Zofe bedeutsam lächelnd und verschwand wieder.

Mit zitternder Hand öffnete das junge Mädchen das Convert, und als sie die Unterschrift gelesen, übergoß Purpurröthe ihre Wangen, und sie las das ganze Schreiben nochmals und wiederum, und ein seltsames Leuchten blitzte in ihren Augen auf; dann wurden die Augen feucht und Olga sah, obschon ihr Blick noch immer auf den Zeilen ruhte, keinen Buchstaben mehr; sinnend, selbstvergessen stand sie an dem Tische und der Brief entfiel ihrer Hand und legte sich auf das Album, — ein Sargdeckel auf die kindlich-jugendliche Tändelei.

Es klopfte; Olga hörte es nicht. Dann ward leise die Thür geöffnet und ein schneeweißes Haupt und ein freundlich lächelndes Gesicht mit hellrothen Backen erschien in der Oeffnung. Der Hals steckte in einer weißen

Binde und so präsentirte sich der Kopf in der Thür=
spalte wie eine große mit Zucker bestreute Erdbeere auf
weißem Teller.

„Störe ich, Olinka?" fragte eine tiefe Stimme.

Olga fuhr mit einem leisen Aufschrei zusammen; schnell
nahm sie den Brief und barg ihn in den Falten des
rosarothen Mousselinkleides. „Ach, Herr Professor,"
sagte sie halb zürnend, halb lachend, „mich so zu er=
schrecken."

„Fürchtest Du Dich denn vor mir? Sehe ich plötz=
lich gefährlicher aus als sonst?"

Der Professor war eingetreten, legte den Zeigefinger
seiner Rechten unter Olga's Kinn und sagte, ihr Köpf=
chen etwas in die Höhe hebend: „Ich glaube, liebes Kind,
ich muß bald „Fräulein" zu Dir sagen und auch das
alte „Du" mit der höflichern Mehrzahl vertauschen.
He?.."

„Aber, bester Herr Professor, ich verstehe Sie nicht!
Habe ich Sie denn beleidigt, daß Sie mich strafen wollen?
Als Kind haben Sie mich auf den Knie'n geschaukelt,
und für Sie bleibe ich immer Kind, auch wenn ich
lange Kleider trage und so groß werde!" Sie hob
dabei den Arm in die Höhe und lachte hell auf. Der
Eintritt des alten Herrn hatte Olga gleichsam von einem
Zauberbanne erlöst und der Wirklichkeit wiedergegeben.
Der Professor faßte ihre beiden Hände und sah ihr
freundlich in die großen, glänzenden Augen, die jetzt
seinen Blick aushielten.

„So ganz richtig war's hier im Zimmer nicht,"
sagte er und sah sich dabei um, wie ein Vater, der bei
seinem anwachsenden Sohne eine Cigarre vermuthet;
„Du standest in Gedanken verloren da, überhörtest mein
Anklopfen und der Brief, den Du —"

„Aber, böser Herr Professor, Sie quälen mich ganz
entsetzlich; das ist abscheulich von Ihnen!"

„Sieh, Olinka, da bist Du wieder über und über

roth geworden. Muß doch was zu bedeuten haben."

„Ja," versetzte die junge Dame ernst und in plötzlich verändertem Tone, „es hat etwas zu bedeuten; lesen Sie den Brief, den ich so eben erhielt."

Olga zog das Schreiben hervor und überreichte es dem Professor.

Dieser, Iwanow mit Namen, war, wie gesagt ein langjähriger Freund des Hauses Rakow. Valeska und Olga liebten ihn fast mehr, wie ihren Vater, denn dieser hatte es nicht oder wenig verstanden, sich die Herzen seiner Kinder zu gewinnen; seine rohe Natur schloß jede Herzlichkeit aus und der General war viel zu sehr Beamter und Bureaukrate, um zärtlicher Vater zu sein, auch brachte sein Amt es mit sich, daß er sich seiner Familie wenig widmen konnte. Um so inniger schlossen sich die Kinder an den freundlichen Professor an, der fast Vaterstelle bei ihnen vertrat, ihnen als treuer Freund und Rathgeber zur Seite stand und dessen Herzensgüte und Denkweise veredelnd auf die jungen, leicht empfänglichen Mädchenherzen gewirkt hatte.

Es ist leider nur zu wahr, daß die vielbeklagte Verwilderung der Frauen in Rußland kein Märchen, keine Uebertreibung, sondern eine Thatsache ist, welche die meisten Erscheinungen des öffentlichen Lebens constatiren. Die Achtung des Weibes gehört nicht zu den Tugenden des russischen Volkes. „Zehn Weiber haben erst Eine Seele", sagt ein russisches Sprüchwort, und das Gesetz ist diesem Grundsatze fast entsprechend festgestellt. Es behandelt das Weib wie ein Mittelding zwischen einer Sache und einem Leibeigenen. Das Erbschaftsrecht gibt dem russischen Mädchen $^2/_{14}$ von dem Erbe ihres Vaters; $^{13}/_{14}$ nimmt der Bruder. Fälle, wie man sie in der ganzen civilisirten Welt und am häufigsten in England sieht, daß der Bruder auf sein Erbe zu Gunsten der Schwester verzichtet, sind in Rußland unerhört. Jeder russische Schriftsteller hat ein paar Figuren von Brüdern, welche ihre Schwestern berauben und umgekehrt. Das Familienleben, wie wir es kennen und mit unserem höchsten Respecte umgeben haben, ist dem Russen fremd. Gibt es doch in der glorreich regierenden Dynastie Romanow selbst zahlreiche Fälle von Vätern, die ihre Söhne ermorden, und von Söhnen, die ihre Väter erwürgen lassen! Der Unfriede ist in der Familie der normale Zustand. Dem entsprechend sind auch die Sitten der Frau. Das Weib des armen Mannes hat es wenig besser als das liebe Vieh, und tausendmal schlechter als das Weib des ärmsten Muselmannes. Von den Sitten der höchsten Petersburger Frauenkreise hat man genug Beispiele, die uns mit Entsetzen in einen Abgrund von Zucht- und Sittenlosigkeit blicken lassen. Die Frauen in den Mittelklassen sind diejenigen, die „in's Volk" gehen; es sind unzufriedene, mit der Welt zerfallene, in ihrem Seelenleben zerrüttete Wesen, deren ganzes Unglück so häßlich ist, daß es mehr Widerwillen einflößt als Mitgefühl. Man sieht sie in allen Hauptstädten Europa's — sie sind immer dieselben. Immer trocken und verwegen, meist sittenlos und manchmal unglaublich unwissend, obschon sie sich für Studenten ausgeben und sogar die Bibliotheken frequentiren.

Vor einem ähnlichen Schicksal hatte die Fürsorge des Professors Jwanow die Töchter des Stadthauptmannes Rakow bewahrt; er hatte sich viel in der Welt bewegt und vereinigte in sich als Gelehrter die Gründlichkeit eines Deutschen und als Mann von Welt den feinen Ton und die gesellschaftlichen Tournüre der Franzosen. Er hatte Valeska und Olga die reichen Schätze der alten classischen Literatur erschlossen, sie mit den edelsten Dichtungen aller Völker und Zeiten bekannt gemacht, ihren Geist auf Höheres gerichtet und sie vor dem Pesthauche bewahrt, welcher dem Sumpfe der russischen Gesellschaft in den höchsten wie niedrigsten Kreisen entsteigt. Was die beiden jungen Damen waren, das verdankten sie hauptsächlich ihrem väterlichen Freunde und Lehrer, dem sie dafür auch in Liebe und Verehrung zugethan waren.

Iwanow war ein hoher Sechziger, aber trotz dieses Alters noch rüstig und gesund; seine rothen Wangen und der stolze, aufrechte Gang standen nicht im Einklang mit dem schneeweißen Haar, daß er kurz geschoren trug und das noch keine Lücken zeigte. Das Haar hatte die Zeit gebleicht, aber den Rücken hatte sie nicht zu krümmen vermocht. Der Professor war keine pedantische, in Gelehrsamkeit verknöcherte Natur, die nur in Folianten und einer dumpfen Studirstube ihr Genüge findet, im Gegentheil, er war unbeschadet seines Wissens und seiner Kenntnisse ein Mann, der auch dem Leben, der Geselligkeit und dem Frohsinn ihre Rechte zuerkannte, und die Jovialität, die seinem Wesen eigen war, hatte ihn in den Kreisen seiner Freunde ebenso beliebt gemacht, als verschiedene wissenschaftliche Werke seinem Namen in Gelehrtenkreisen Achtung verschafft hatten.

Ein milder Ernst ruhte auf seinen edlen, fast schönen Zügen, die hohe Denkerstirn war zwar viel gefurcht, aber die Wangen und hellen Augen zeigten eine Lebensfrische, welche das weiße Haar fast vergessen ließ.

Das Schreiben, welches Olga ihm überreichte, lautete also:

„Theure Olinka! Gestatten Sie mir, Ihnen schriftlich Das zu wiederholen, was ich Ihnen gestern, als ich das Glück hatte, beim Fürsten Zaranzow in Ihrer Nähe weilen zu dürfen, mündlich gestand: daß ich Sie liebe! Längst schon hat Ihr theures Bild von meinem Herzen Besitz genommen, längst schon war mir der Gedanke an Sie der liebste, und die Hoffnung, dereinst Sie mein Weib nennen zu dürfen, ist das lachende Morgenroth meines Lebens. Nicht leichtfertig, nicht dem Impulse des Augenblickes gehorchend, sprach ich jene Worte, sondern die Tragweit derselben wohl erwägend, und im

Bewußtsein, die volle Wahrheit zu sprechen. Daß ich so plötzlich mit dieser Erklärung vor sie hintrat, bitte ich mit dem Umstand entschuldigen zu wollen, daß unser Regiment vielleicht in den nächsten Tagen schon Ordre erhält, nach dem Kriegsschauplatze abzumarschieren, ich also auf unberechenbare Zeit von Ihnen getrennt sein werde. Der Gedanke, meine stolzesten Wünsche von Ihnen getheilt zu wissen, das freudige Bewußtsein, in der Heimat ein Herz zu haben, das sich liebend meiner erinnert, würde mir alles Schwere erleichtern, alles Bittre versüßen und mich zu Thaten anspornen, die mich Ihrer würdig machen. Noch bin ich freilich Nichts und Sie sind die Tochter eines Generals; aber ich hoffe, daß ein Glücksstern meine kühnen Vorsätze zu schönen Thaten reifen läßt. Sie gaben mir gestern keine zusagende Antwort, aber Sie wiesen mich auch nicht zurück, und deshalb wage ich es, die Bitte zu wiederholen, ob ich mit dem Gedanken an Sie in die Schlacht ziehen darf. Ihr Sergei Petrowitsch."

„Wer ist dieser Mann und wie lange kennst Du ihn?" fragte der Professor, indem er Olga den Brief zurückgab.

„Er ist Officier; ich bin ihm einigemal auf Soireen und in Concerten begegnet; gestern traf ich mit ihm beim Fürsten Zaranzow zusammen und tanzte mit ihm. Sergei ist in allen Kreisen gern gesehen und beliebt, denn er ist ein hübscher Mann und angenehmer Gesellschafter."

Der Professor lächelte. „Die Hauptsache ist," sagte er, „daß er bei Dir „beliebt" ist; der klare und doch warme Ton des Briefes gefällt mir."

Olga blickte in den Schooß nieder; sie hätte tausend Fragen stellen und ihr Herz ausgießen mögen, aber sie brachte kein Wort über die Lippen. Der gute Professor war der erste, dem sie ihr süßes Geheimniß verrathen, der erste, den sie in ihr Vertrauen gezogen hatte; sollte sie ihm mehr berichten? Das übervolle Herz will sich ja mittheilen und aussprechen, denn das Glück läßt sich noch weniger in der Brust verschließen und festbannen wie der Schmerz.

„Du bist jetzt in ein Alter getreten," hub Iwanow nach einer Pause an, „welches unbewußt neue Gefühle, Ideen und Hoffnungen in Dir weckt und keimen läßt. Mag nun die Erklärung des Lieutenant Sergei Petrowitsch Erfolg haben oder nicht, — jedenfalls hat sie Dich aus dem süßen Traumleben der Kindheit geweckt und steht als Grenzstein zwischen dieser und einer ungewissen, aber hoffentlich glücklichen Zukunft."

Der Professor sah das Souvenir in Olga's Hand und fuhr, auf dasselbe deutend, lächelnd fort: „Ich möchte es ein schönes Ungefähr nennen, daß Du gerade in dieser Stunde in den Erinnerungen Deiner Kindheit geblättert, gleichsam als wolltest Du Abschied von ihnen nehmen; — nicht, als ob Du jene schöne Zeit vergessen solltest, sondern weil eine neue Zeit, mit neuen Gebilden sich Dir erschließt"....

„Soll ich Sergei antworten?" fragte Olga nach einer Weile.

„Frage Dein Herz, Olinka, nicht mich!"

Und sie erröthete in holder Scheu und der Athem ging schneller.

„Liebst Du den „hübschen" Officier?" Der alte Professor ging unbarmherzig mit dem Examiniren vor; er war auch gar zu „abscheulich"!

„Ich weiß nicht," flüsterte sie; „wie ist's denn, wenn man Jemanden liebt?"

„Willst Du meine Fragen aufrichtig beantworten, dann sage ich's Dir?"

Sie nickte, sah aber nicht auf und wickelte die Spitze der weißen Schürze um den linken Zeigefinger.

„Wer nicht fühlt, was Liebe ist," fuhr der Professor fort, „dem kann sie auch nicht erklärt werden, und wer sie fühlt, der kennt sie auch ohne Erklärung;

doch es gibt gewisse Kennzeichen, aus denen sich Schlüsse ziehen lassen. Also gib Acht, Olinka: denkest Du an Sergei oft, mehr als an alle anderen Menschen zusammen?"

Sie nickte abermals; ganz leise zwar, und sie senkte dabei das Köpfchen recht tief, aber sie gab doch zu, an Sergei oft zu denken.

„Das stimmt also, Olinka. Und wenn Du an ihn denkst, dann vergissest Du alles Andere, selbst mich, nicht wahr? Dann malst Du Dir die Zukunft in den rosigsten Farben und sagst Dir Worte vor, die Du ihm wiederholen willst, wenn Du nächstens mit ihm zusammentriffst, Worte von Liebe und Glück, von Hoffen und Bangen; und wenn Du ihn siehst, mit dem Deine junge Phantasie sich beschäftigt, wenn Du vor ihm stehst, dann bringst du keine Silbe über die zagenden Lippen, dann klopft Dein Herz, dann fliegen die Pulse, dann wird's Dir heiß und glühend im Munde, und alle Deine Empfindungen lösen sich auf in einen tiefen Seufzer, in ein stummes Glück, in einen einzigen Blick, — und selbst das Auge irrt scheu zur Seite, es kann Sergei's Blick nicht aushalten, Du wünschest Dich meilenweit von dannen und hast doch so sehnlichst verlangt, in sein Auge sehen, an seiner Seite weilen zu können. Ist's nicht so, Olinka?"

Das Mädchen hatte, während der schelmische Herzens-Inquisitor sprach, beide Hände wider das flammende Gesicht gedrückt, und als sie dieselben jetzt in den Schooß sinken ließ, da glänzte eine Thräne in den großen, leuchtenden Augen.

„Du sagst nicht Nein?" fuhr der unerbittliche Frager fort, „es treffen also alle Symptome, die ich genannt, bei Dir zu, Olinka? Dann darf ich mit mathematischer Gewißheit schließen, daß Du Sergei Petrowitsch, den „hübschen" Offizier liebst."

„Aber bitte, Herr Professor," fiel ihm Olinka lebhaſt in's Wort, „ſagen Sie es ihm nicht, ſagen Sie es keinem Menſchen!"

„Ich ſoll Sergei Deine Liebe verrathen? Bewahre, wo denkſt Du hin? Das muß Du ſelbſt thun."

„Ich ſoll ihm ſchreiben, —"

„Oder ſagen, Olinka, Aug' in Aug' ſagen, daß Du ihn gern haſt; das iſt bei ſolchen Sachen das Einfachſte und Beſte. Haſt Du den Muth dazu?"

„Wenn ich ſo beredt wäre wie Sie!"

„Beredtſamkeit iſt hierzu nicht erforderlich; ein Blick, ein Händedruck ſagt mehr als Worte ſagen können. Ich will Dich zu Nichts bereden, Olinka; aber wenn Du Sergei wirklich von Herzen liebſt, dann gib ihm auch Gewißheit, bevor er in den Kampf zieht. Eine ſchwere Zeit ſteht ihm und uns allen bevor; der Gedanke an Dich wird ihm das Schwerſte leicht machen."

„Ich danke Ihnen, beſter Herr Profeſſor," ſagte Olga, ihre Hand in die ſeinige legend, „ich will ſo handeln, wie mein Herz es mich lehrt." Und ſie ſtrich die Thränen aus ihren Augen und lächelte; aber über die lachenden, glühenden Wangen rieſelten von Neuem die Thränen; und ſie lachte und weinte in Einem!

6.

Wie nahe berühren ſich in der Welt oft die ſchroffſten Gegenſätze! Das erfuhr auch Profeſſor Iwanow, als er, ein Lächeln auf den Lippen, Olga's Zimmer verließ und plötzlich vor der todtbleichen Valeska ſtand.

„Um Gotteswillen, Fräulein," ſagte er beſtürzt, „ſind Sie krank? Sie zittern, Sie haben Fieber."

Schweigend erfaßte Valeska ſeine Hand und führte ihn auf ihr Zimmer; ſie rang nach Athem, nach Faſſung.

„Profeſſor, rathen, helfen Sie mir! Ich bin in einer entſetzlichen Lage!"

„Aber was gib's denn, was iſt paſſirt? Sie erſchrecken

mich in der That! Sie, die sonst nie den Kopf verliert, ein Mädchen voll Energie und Willenskraft finde ich fassungslos?"

„Ja, das bin ich," entgegnete Valeska tonlos; „als ich Ihre Stimme hörte, schöpfe ich neuen Muth, aber ich fürchte, auch Sie können mir diesmal nicht helfen. Nichts destoweniger will ich mich Ihnen vertrauen: Sie sind der einzige Mensch, dem ich mich anvertrauen darf. Sie haben mir stets als guter Rather, als Mahner, als väterlicher Freund zur Seite gestanden; darf ich Ihnen auch jetzt, in der schwersten Stunde meines Lebens, mein Herz erschließen und auf Ihre Verschwiegenheit rechnen?"

Valeska sprach aufgeregt, leidenschaftlich; sie klammerte sich an den Rath des alten Freundes wie ein Ertrinkender an einen Strohhalm, obschon sie wußte, daß auch der Professor das ihr drohende Geschick nicht abwenden könne.

„Vertrauen dürfen Sie mir, liebes Fräulein," sagte der Professor ernst und reichte ihr zur Bekräftigung seiner Zusicherung die Hand. „Aber Sie spannen mich auf die Folter, Ihr Zustand ist bemitleidenswerth und läßt mich Böses ahnen. Was gibt's?"

„Ich soll heirathen, — vielleicht morgen schon."

„So plötzlich? Ich weiß ja von keiner Verlobung, von —"

„Ist auch nicht nöthig. Mein Vater will es so."

„An sich wäre die Sache so schlimm nicht, denn heirathen wollten Sie doch einmal; aber wird Ihnen vielleicht ein Mann aufgenöthigt, den Sie nicht lieben?"

Sie schüttelte den Kopf. „Ich liebe ihn!" versetzte sie kaum hörbar, „liebe ihn von ganzem Herzen!"

„Nun, dann begreife ich Ihren Schmerz nicht."

„Sie werden ihn begreifen, wenn Sie erfahren, daß ich den Geliebten heirathen soll, um seine Henkerin zu werden."

Valeska erzählte mit kurzen Worten den Zusammenhang.

„Und Ihr Vater ahnt nicht, daß Gurbinski ihr Geliebter ist?"

„Nein, ich habe ihm diese Liebe verheimlicht, weil Feodor mich bat, das Geheimniß so lange zu bewahren, bis er selbst in der Lage sein werde, offen und ehrlich um meine Hand werben zu können."

Der Professor schritt nachdenklich auf und ab. Welche Contraste, dachte er. Dort in dem Zimmer ein junges, lebensfrohes Mädchen, dessen Herz sich einem süßen Glückestraume erschließt, dessen Brust von den ersten, zartesten Regungen neuen Empfindens höher geschwellt ist, das Freudenthränen vergießt und mit der Lerche um die Wette jubelt, — und hier die Schwester, die sich im tiefsten Seelenschmerze windet! Das höchste Glück und der bitterste Schmerz so dicht beieinander, und der Glücklichen soll ich rathen und der Unglücklichen eine Brücke bauen, mit Olinka jauchzen und mit Valeska weinen! . . .

„Armes, gutes Fräulein," sagte er, seine Hand auf das niedergebeugte Haupt Valeska's legend, „ich fühle mit Ihnen, denn ich begreife Ihre qualvolle Lage. Helfen kann ich Ihnen freilich nicht, wenigstens nicht augenblicklich; aber erinnern Sie sich, wenn die Sache sich zum Schlimmen wendet, daß Sie an mir einen treuen Freund haben, der Ihnen zur Seite stehen wird. Reicht mein Einfluß auch nicht bis in's Palais des Kaisers, so bin ich doch nicht ganz machtlos. Heirathen Sie Gurbinski, — das Weitere wird sich finden."

Die junge Dame erhob ihr Haupt, und aus den großen Augen, die unter einem Thränenschleier aus dem wachsbleichen Antlitze hervorleuchteten, fiel ein Blick voll Dankbarkeit auf den Professor. „Ich kann nicht anders", sagte sie, „ich muß Feodor die Hand reichen, er wäre sonst rettungslos verloren. Aber keine Schlange soll er an sein Herz nehmen; ich werde ihm rückhaltlos Alles verrathen."

„Ich rathe Ihnen nicht dazu; lassen Sie ihn nicht wissen, um welch' entsetzlichen Preis Sie die Seine werden durften. Geben Sie ihm Winke; suchen Sie ihn auf irgend eine Weise zu warnen und vielleicht zu retten, aber sagen Sie ihm nicht, was ihr Vater von Ihnen gefordert hat."

„Ich sehe keinen Ausweg", fuhr Valeska leidenschaftlich auf, „Feodor ist verloren! Sie kennen meinen Vater, den kalten, strammen Beamten, der seine Pflicht thut, wenn auch das Herz seines Kindes darüber bricht. Sie wissen, was es heißt: Der Czar will es! Feodors Tage sind gezählt; der Zorn des Kaisers lastet auf ihm, und ich soll die Beweise beschaffen, die ihn dem Henker überliefern. Aus einem kurzen Glückestraume wird der Ahnungslose in's Grab sinken; sein letztes Wort wird ein Fluch sein, der, mir, der Verrätherin, gilt! Er ist zu beneiden, wenn die Kugeln der Kosacken sein Herz durchbohrt haben, — aber ich, ich werde für mein ganzes Leben den widerhakigen Pfeil im Herzen tragen, eine namenlos Elende nach einem flüchtigen Glücke, dessen Stunden schon gezählt sind, ehe es begonnen! Oh Professor, Sie fühlen nicht wie ein Weib, Sie wissen nicht, was es heißt, lieben, — lieben mit jeder Faser, jedem Pulsschlage und ach, mit der Gewißheit, den geliebten Mann verlieren zu müssen! Das ist zum Wahnsinnigwerden!"

„Fassen Sie sich, Valeska, kommen Sie zu sich," beschwichtigte Iwanow das heftig erregte Mädchen, das wie eine Medea mit blitzenden Augen vor ihm stand; „wohl fühle ich Ihren Schmerz, aber ich bitte Sie, ihn zu dämpfen. Jede Leidenschaftlichkeit verdirbt Ihre und Gurbinski's Lage; Ruhe und Kaltblütigkeit allein können möglicherweise das drohende Unheil abwenden . . . . Sie meinen," fuhr er nach einer Pause fort, „ich hätte nie geliebt, ich wisse nicht, was Liebe ist. Darf ich Sie einen Blick in mein Leben und in das Leben einer mir theuren jungen Dame thun lassen, damit ihre und meine Schicksale Sie trösten und mit Ihrem Loose in etwa versöhnen? Noch nie hatt ein Mensch erfahren, welche Stürme, welch' bittres Weh' meine Brust durchtobten, — man kannte mich ja nur als den heiteren, jovialen Professor, und was ich im Herzen trug, das war auch Nichts für die mitleidlose, egoistische, herzlose Welt, — Ihnen, Valeska, will ich es aber in dieser schweren Stunde beichten, denn Sie werden mich verstehen und vielleicht Trost finden in dem Bewußtsein, daß die ganze Welt nichts ist, als ein Kampfplatz, und das Leben nichts, als eine Kette von Schmerz und Enttäuschungen."

„So sprechen Sie?" fragte Valeska, sich wieder niederlassend, „Sie den ich zu den Glücklichsten gezählt und den ich um seine Seelenruhe, seinen heitern Sinn stets beneidet?"

„Ich habe allerdings den Schmerz niedergekämpft und nicht Herr meiner selbst werden lassen, aber wie oft mußte der lächelnde Mund als Maske tiefen Weh's dienen! Das Leben ist keine Humanitätsduselei, sondern ein eiserner Kampf; kein lachender Frühlingshimmel voll Sonnenschein und Blütenduft, sondern eine schwüle Julinacht voll Sturm und Gewittern. Ich darf Ihnen dies sagen, Valeska, ich darf den goldenen Traum von Wonne und Glück, den Sie bisher geträumt, zerstören, weil das Leben selbst Sie mit rauher Hand gefaßt und geschüttelt hat. Heute haben Sie das Menschendasein in seiner wahren Gestalt kennen gelernt, und diese heißt: Selbstsucht . . . Doch ich wollte ja von jenem Mädchen und von mir sprechen; hören Sie. Auch ich war einst jung und hoffte und liebte wie Sie. Ich hatte ein glühendes Herz, eine feurige Phantasie und malte mir die Zukunft mit den prächtigsten Farben aus. Ich lernte ein Mädchen kennen, Wjera mit Namen, der ich mein ganzes Herz schenkte. Sie war meine erste und einzige Liebe, — wahr und aufrichtig liebt der Mensch überhaupt nur einmal —, sie war der Inbegriff all' meines Fühlens und Denkens, meiner Wünsche und Hoffnungen. Wjera war die Sonne, die mein einsames, freudenleeres Dasein erhellte, die Morgenröthe an dem lachenden Himmel meines Lebensfrühlings, der Centralpunkt, um den sich all' mein Wollen und Schaffen drehte, der Sporn, der mich zu kühnen, großen Thaten anfeuerte. Viele, viele Jahre liegen zwischen jener Zeit und heute, aber in unvergänglicher Frische lebt das Andenken an jenen goldenen Glückstraum in mir fort; mein Haar ist gebleicht, aber das Herz ist jung geblieben, — und die Liebe, die ich Wjera entgegentrug, hat nichts von ihrer Kraft verloren. Selten ist wol ein Weib so innig und heiß von einem Manne geliebt worden, als ich Wjera liebte; aber selten auch wol ein Mann so plötzlich und tief von der Höhe seiner geträumten Seligkeit in den Abgrund unnennbaren Schmerzes gestürzt worden wie ich. Ein Anderer drängte sich zwischen mich und Wjera; er war ein schmucker Officier und hatte Aussicht, eine gute Carrière zu machen, — dieser Capitän Sassulitsch. Ich war damals Student, ohne Vermögen und mußte noch Jahre warten, ehe ich eine Stellung einnahm und die Geliebte heimführen konnte. Ob diese materiellen Vortheile es waren, die Wjera bestimmten, von mir zu lassen, ob ich verleumdet worden bin, wie ich aus ihrem Schreiben entnehmen mußte, ob die Eltern sie gedrängt und endlich ihren Widerstand gebrochen, — ich weiß es nicht, wahrscheinlich haben alle drei Factoren zusammengewirkt, — genug, das Mädchen, das ich mehr wie mich selbst geliebt, dessen Liebe meinem Leben Halt und Weihe gegeben, reichte Sassulitsch die Hand, und wie ein Betäubter, halb wahnsinnig vor Schmerz, stand ich in der Kirche hinter einem Pfeiler, als Wjera dem Capitän angetraut wurde. Was ich gelitten, — ich will es nicht zu schildern versuchen, denn für solches Weh gibt's keine Worte. In ohnmächtigem Grimme ballte ich die Fäuste und legte die brennende Stirn wider die marmorkalte Steinwand, und als die junge Frau auf dem Wege aus der Kirche an mir vorbeischritt, Arm in Arm mit Dem, der sie mir entrissen, da krampfte sich mein Herz zusammen, als hätte ein glühender Dolch dasselbe durchbohrt. Ich verlor den Glauben an die Menschheit, an Liebe und Treue; ich litt unsäglich, aber ich zürnte Wjera nicht, ich konnte ihr nicht zürnen; meine Liebe verwandelte sich nicht in Haß, sie blieb sich gleich . . .

"Nach Beendigung meiner Studien verließ ich Rußland und durchzog Europa; ich wollte mich in's Leben stürzen und mich betäuben; ich wollte vergessen, was an mir nagte, aber es gelang mir nicht. Sie mögen diese tolle Leidenschaft unmännlich nennen; gewiß, sie war es auch; ich selbst predigte mir Vernunft, schalt mich einen Thoren, — allein das Herz ist ein eigen Ding, das aller Vernunftgründe spottet. Als ich zurückkehrte, erfuhr ich, daß Sassulitsch gestorben und Wjera Witwe war; sie lebte still und zurückgezogen von einer kleinen Pension in Moskau, ganz der Erziehung ihrer Tochter, die ebenfalls den Namen Wjera trug. Ich sah sie wieder, aber ich hielt mich fern, denn den Schwur, nie zu heirathen, wollte ich nicht brechen. Die kleine Wjera war das volle Ebenbild ihrer Mutter und mir dieserhalb unendlich theuer. Ich wollte ihre Zukunft überwachen, ihr ein zweiter Vater sein; ich wollte an dem Kinde die Liebe bethätigen, welche die Mutter einst zurückgewiesen, aber ein grausames Geschick, das über der Familie schwebte und gegen das ich vergebens ankämpfte, vereitelte meine Pläne. Die kaum siebzehnjährige Wjera, die in einem Lehrerinnenseminar zu Moskau ihr Examen bestanden, lernte durch Zufall die

Schwester des politischen Verbrechers Netschajew und auch diesen selbst kennen. Auf seine Bitten hin nahm sie Briefe entgegen, die an diesen gerichtet waren und wurde hierdurch in Netschajew's Prozeß verwickelt. Das junge, unschuldige Mädchen schmachtete zwei volle Jahre im Gefängniß, und zwar auf einen bloßen Verdacht hin, ohne einen richterlichen Urtheilsspruch. Sie schilderte mir später mit lebendigen Farben das düstere Bild dieser traurigen Gefangenschaft. Keinen ihrer Verwandten durfte sie während der beiden Jahre sehen; ab und zu erfuhr sie, daß ihre Mutter oder ich dagewesen, um nach ihrem Befinden zu fragen. Sie hatte keinen Umgang mit Menschen, — ein furchtbares Loos für ein junges Mädchen von siebzehn Jahren, dem das Leben sich erst erschließt, das die Blütezeit seines Daseins einsam in grauen Kerkermauern vertrauert, — nur den Wärter, der ihr das Essen brachte, sah sie und den Aufseher, der zuweilen den Kopf durch ihr Zellenfensterchen steckte, um zu sehen, „ob das Fräulein sich gar was angethan habe." Endlich nach zwei Jahren solch' qualvollen Lebens öffneten sich die Thüren ihres Kerkers; man sagte: „Gehe, Du bist frei!" man fügte nicht hinzu: „Sündige nicht wieder", denn man konnte sie keiner Schuld zeihen. Begreifen Sie, was das heißt, Valesta, unschuldig die besten Lebensjahre in der Gefängnißzelle zu verbringen?... Aber nicht genug damit. Wjera war mit dem schmerzlichen Troste, daß sie nur in Folge eines Mißverständnisses verhaftet worden sei und daß kein Grund für irgend welchen Verdacht gegen sie vorliege, in die Arme ihrer Mutter geeilt, — um nach zehn Tagen abermals wieder eingezogen zu werden. Es war Abends spät, als ein Polizeibeamter in ihrem Hause erschien und die Tochter von der Mutter riß, um sie in das Deportationsgefängniß zu bringen. Beide waren in hellster Verzweiflung. Die Mutter gab ihrem Kinde nur ein leichtes Kleid mit, denn sie glaubte nicht anders, als daß hier ein neues Mißverständniß obwalte, da ja der Prozeß beendet und glücklich abgelaufen war. Als Wjera fünf Tage im Gefängniß zugebracht, ward ihr die Schreckensbotschaft, daß sie fortgeführt werden solle. Wohin, — das erfuhr sie nicht. Sie bat um einen Aufschub von zwei Tagen, um von ihrer Mutter Abschied nehmen und sich mit warmen Kleidern versehen zu können. Vergebens, selbst diese Bitte schlug man dem schuldlosen Mädchen ab. Zwei Gendarmen begleiteten sie, anfangs auf der Eisenbahn, dann im Postwagen bis nach Krestzy in Sibirien! Dort hieß es: "Gehen Sie, Sie sind frei; wohnen Sie hier, wo Sie wollen, aber melden Sie sich jeden Sonnabend beim Landpolizeimeister." Ihre ganze Habe war ein Buch, ein Kästchen und ein Rubel Silber. Mitleidvolle Menschen gaben ihr Obdach und Nahrung. Ihr Aufenthalt in Krestzy dauerte nicht lange; bald ward ihr Twer, dann Ssolikamsk, dann Charkow als Wohnort angewiesen. So ward Wjera nach zweijähriger Einzelhaft in die Klasse jener Frauenspersonen verstoßen, welche "unter polizeilicher Aufsicht" stehen und gebrandmarkt sind. Daß ihr Herz bei dem gräßlichen, unverschuldeten Elend nicht brach, daß ihre Sinne sich nicht verwirrten, ist mir ein Räthsel. Am Schlusse des zweiten Jahres jener traurigen Periode der sonnabendlichen Meldungen ließ die Controle etwas nach und die Unglückliche, deren Mutter mittlerweile vor Gram gestorben war, erschien wieder in Petersburg. Ich sprach sie, sie war wie umgewandelt gegen früher; aus dem munteren, lebensfrohen Mädchen war ein verschlossenes, haßerfülltes Weib geworden; die Leiden hatten ihr Herz stahlhart gemacht. Ich litt mit ihr und war um so empörter, als alle meine Bemühungen, sie zu retten, vergebens gewesen waren; Nichts hatte ich unversucht gelassen, Wjera's Unschuld darzuthun und ihre Befreiung zu erwirken, aber überall begegnete ich einem stummen

Achselzucken. Sehen Sie, theures Fräulein, so sind die Zustände hier zu Lande, das Geschick der Sassulitsch zeigt, was Ihrem Geliebten bevorsteht, und wenn es Ihnen auch keinen Trost zu bieten vermag, so mahnt es doch zur größten Vorsicht. Meine geknickte Jugendliebe und das furchtbare Loos der mir theuern Wjera haben mir alle wahre Lebensfreude genommen, mein Dasein vergiftet; möchten Sie vor einem gleichen Schicksal bewahrt bleiben."

Schweigend hatte Valeska der einfachen aber erschütternden Erzählung des Professor's gelauscht, nur ihr Auge bewies, welche Theilnahme sie den Leiden der ihr unbekannten jungen Dame und auch ihrem väterlichen Freunde schenkte. Sie reichte ihm die Hand und drückte sie stumm.

"Ich muß das Kommende abwarten," sagte sie nach einer Pause dumpf; "ich bin machtlos gegen das Verhängniß; die Wjera Sassulitsch aber möchte ich kennen lernen."

"Das kann geschehen, Valeska; ich will Ihnen die Tochter meiner einstigen Geliebten zuführen."

7.

Feodor Gurbinski, welchem die Njanja das Schreiben Valeska's übergeben, war über den kurzen und räthselhaften Inhalt desselben nicht wenig erstaunt. "Träume ich denn oder wache ich?" rief er; "wir sollen sofort heirathen und dennoch soll ich dem Vater unsere Liebe nicht verrathen? Seltsam! Valeska will mir das Räthsel lösen, sobald sie meine Frau ist, — nun, ich will mich in das süße Geheimniß gern fügen, denn die Hauptsache ist, daß sie die meinige wird!"

Gurbinski fand übrigens keine Zeit, lange nachzugrübeln und die Ursachen zu erwägen, welche diese plötzliche Erfüllung seines sehnlichsten Wunsches möglich gemacht, denn kaum hatte er den Zettel Valeska's vernichtet, als eine Equipage vor seiner Wohnung hielt und ein Officier ihn zu sprechen verlangte.

"Seine Excellenz der Generallieutenant von Rakow erwartet Sie," sagte der Officier, "ich bin beauftragt, Sie zu ihm zu führen."

"Sofort?" fragte Gurbinski, den diese Eile nicht minder in Staunen setzte wie das Schreiben Valeska's.

"Mein Wagen hält unten und Se. Excellenz warten."

"Die Sache scheint Eile zu haben," versetzte Feodor, einigermaßen verlegen und beunruhigt; "um was handelt es sich?"

Der Officier zuckte die Achseln. "Ich habe nur den Befehl, Sie von dem Wunsche Sr. Excellenz in Kenntniß zu setzen. Dienstliche Angelegenheiten scheinen aber nicht erledigt werden zu sollen, da ich den Auftrag habe, Sie in die Privatwohnung Sr. Excellenz zu führen."

"Ich bin bereit," sagte Gurbinski aufathmend, aber sein Herz klopfte hörbar. Hatte er es mit dem gefürchteten Ober=Polizeimeister oder mit dem Vater Valeska's zu thun? Die nächsten Minuten mußten die Entscheidung bringen.

Der Wagen rollte davon und Gurbinski betrat das Palais Rakow's, noch bevor die Njanja zurückgekehrt war. Als er das Haus am Abende vorher verlassen, ließ er sich nicht träumen, daß er diese Schwelle sobald wieder und sogar auf den Wunsch des Stadthauptmannes betreten werde.

Man führte ihn in einen eleganten Salon. Schwere, scharlachrothe Seidenvorhänge mit weißen Spitzen unterlegt dämpften das Tageslicht, dunkle Sammettapeten bedeckten die mit herrlichen Oelgemälden geschmückten

Wände, und ein großer venetianischer Spiegel in breitem, vielgeschnörkeltem Goldrahmen warf Gurbinski's ganze Gestalt zurück. In der Mitte des Saales stand ein runder Divan von Ebenholz, mit dunkelrothem Sammet überzogen, während verschiedene Fanteuils von gleichem Stoff und Farbe den mit einem schweren gestickten Teppich behangenen Tisch umstanden. Eine kostbare Figur aus carrarischem Marmor, die Göttin Hebe darstellend, welche auf einer schönen Wandconsole über einem Erard'schen Flügel stand, ließ aus einem mit süßduftenden Odeur gefüllten Gefäße, das sie in der erhobenen Rechten hielt, langsam Tropfen für Tropfen in die Schale in ihrer Linken fallen, und es vereinigte sich der feine Geruch von Lotosblumen mit den Wohlgerüchen von lebendem Heliotrop und Jasmin, welche einen ephen-umsponnenen Blumentisch schmückten.

Es war Gurbinski recht seltsam zu Muthe, als er sich allein in dem Gemache befand und sein Fuß über den weichen Teppich schritt. Tausend Gedanken und Vermuthungen, Hoffnungen und Befürchtungen bestürmten ihn. Was wollte der Chef der Geheimpolizei von ihm, weshalb wurde die Heirath so sehr beschleunigt? Daß er es weniger mit dem Polizeimeister als mit dem Vater Valeska's zu thun haben würde, ließ ihn der Umstand hoffen, daß er nicht auf das Bureau, sondern in den Salon Rakow's geführt worden; aber trotzdem war seine Stimmung eine unbehagliche und keineswegs so heiter und freudig, wie dies bei einem Bräutigam der Fall zu sein pflegt, der im Begriffe steht, das Jawort zu erhalten. Seit Jahren war es der höchste Wunsch Feodors gewesen, Valeska dereinst heimzuführen; dieser Wunsch hatte ihn gestählt und angefeuert, eine Stellung zu erringen, die ihn würdig erscheinen ließ, um die Hand der Geliebten anzuhalten; und jetzt, wo er diesen Wunsch ganz unerwartet erfüllt sah, wo der Vater, der stolze General, der Liebling des Kaisers, ihm seine Tochter gleichsam anbot, da schrak er fast vor der Thatsache zurück. Sein Athem ging schnell, das erregte Blut rollte stürmisch durch die Adern und die Luft des Saales schien ihn zu beklemmen; Feodor war keine ängstliche Natur, er kannte keine Furcht, aber die Situation, in der er sich befand, war doch so seltsam, daß er mit Aufbietung aller Kraft seine Fassung und Ruhe bewahren mußte. Sollte vielleicht sein gestriger Besuch bei Valeska dem Vater verrathen worden sein?

Ein helles Roth färbte bei diesem Gedanken seine bleichen Wangen, — in demselben Augenblicke aber theilten sich die Damastportièren und der Stadthauptmann trat raschen Schrittes ein. Gurbinski verneigte sich.

Der General musterte mit scharfem Blicke das Haupt der Revolutionspartei, den Mann, dessen Leben ihm verfallen war, der es gewagt, das Volk gegen die Dynastie Romanow aufzuhetzen. So mag wol eine Spinne mit lüsternem Blicke die Fliege betrachten, die sich in ihrem Netz gefangen, die ihr nicht mehr entrinnen kann, wie Rakow den Mann betrachtete, der vor ihm stand. Aber eine gewisse Enttäuschung verriethen die grauen, lauernden Augen und die Züge des Stadthauptmannes; er mochte sich die Person des Revolutionärs anders gedacht, in dessen ganzer Erscheinung den verkörperten Fanatismus vermuthet haben, und statt dessen fand er einen Mann, dessen Figur, Haltung und Auftreten einen angenehmen, gewinnenden Eindruck machte und der mit Ruhe abwartete, was der General ihm mitzutheilen habe.

Eine Handbewegung Rakow's lud Gurbinski ein, Platz zu nehmen, und während er sich selbst einen Sessel herbeizog und sich auf dessen Polsterlehne mit den Händen stützte, sagte er: „Sie sind Herr Feodor Gurbinski, Hilfsarbeiter im Handelsministerium?"

„Zu dienen, Excellenz."

„Eine recht sonderbare Angelegenheit hat mich veranlaßt, Sie zu mir zu bitten. Auch mag es Ihnen seltsam erscheinen, daß ich in derselben die Initiative ergreife; aber da Ihnen vielleicht bekannt sein wird, daß ich viele Worte und Umschweife nicht liebe, sondern ein Mann der raschen, energischen That bin, so findet das Seltsame seine genügende Erklärung. Zur Sache: Kennen Sie meine Tochter Valeska?"

Gurbinski verneigte sich.

„Könnten Sie sich entschließen, dieselbe zu heirathen?"

„Wie dürfte ich es wagen, Excellenz —"

„Davon ist keine Rede. Meine Tochter liebt Sie!"

Gurbinski fuhr in die Höhe, er fühlte, wie ihm das Blut in die Wagen schoß und wie die brennenden Schläfen hämmerten.

„Bleiben Sie sitzen. Es ist, wie ich sage. Meine Tochter Valeska liebt Sie; sie hat es mir gestanden. Ich will nur das Glück meines Kindes; glaubt sie, mit Ihnen glücklich zu werden, wohlan, ich habe nichts dagegen. Als Beamter mag ich oft hart erscheinen, als Vater bin ich Gefühlsmensch. Sie selbst sind, wie ich weiß, ein Mann von Talent und können in kurzer Zeit Secretair, Rath, Geheimrath werden, dafür werde ich sorgen. Also antworten Sie."

„Excellenz, ich bin so überrascht, erstaunt, —"

„Wollen Sie oder nicht?" unterbrach ihn Rakow fast rauh, „ja oder nein!"

„Ich würde es mir selbstredend zur höchsten Ehre anrechnen, wenn die liebenswürdige Tochter Ew. Excellenz mir die Hand reichen wollte."

Gurbinski wählte, eingedenk der Warnung Valeska's, seine Worte mit Vorsicht; er durfte ja mit keiner Silbe verrathen, „daß sie sich liebten."

„Gut, dann wäre die Sache abgemacht. Hoffentlich hat Valeska eine gute Wahl getroffen. Ich werde morgen die Verlobung publiciren; in den nächsten Tagen kann die Hochzeit stattfinden... Sie staunen? Weshalb? Ich liebe einen langen Brautstand nicht; mein Wahlspruch in allen Dingen heiß: schnell! Valeska sehnt sich danach, die Ihrige zu werden. Hier meine Hand!"

Gurbinski hätte gewiß alle Ursache gehabt, in diesem Augenblicke, der seine kühnsten Hoffnungen krönte, hell aufzujubeln, und doch war es ihm, als die Fingerspitzen des Polizeimeisters seine Hand berührten, als habe er eine Schlange angefaßt.

„Für die nächsten vierzehn Tage entbinde ich Sie Ihres Dienstes im Ministerium", fuhr Rakow fort; „als Gatte meiner Tochter werden Sie dasselbe nur als Rath wieder betreten. Ist's Ihnen recht so?"

„Ich weiß nicht, womit ich soviel Güte verdient habe, Excellenz, aber ich nehme sie dankbar an."

„Danken Sie Ihrer Braut, die sogleich erscheinen wird. Heute Abend erwarte ich Sie zum Thee, um das Weitere zu besprechen."

Der General grüßte mit der Hand und die Portière schloß sich hinter ihm; er schritt so schnell und geräuschlos davon, wie er gekommen. Ein Lächeln der Befriedigung umspielte seine breiten Lippen, während er murmelte: „Je mehr ich den Burschen in Sicherheit wiege, um so besser geht er in die Falle; er scheint ein schlauer, geriebener Fuchs zu sein, der eine fabelhafte Selbstbeherrschung besitzt, denn selbst dieses außerordentliche Anerbieten brachte ihn nicht aus der Fassung; er diente mir nur mit nichtssagenden, alltäglichen Phrasen. Einen solch' gefährlichen Patron kann nur ich, der Chef der Geheimpolizei, fangen! Ha ha!"

Auf dem Flur trat ihm Valeska entgegen; der Vater hatte sie gebeten, ihren „zukünftigen Mann" zu begrüßen, und Valeska hatte ohne Widerrede eingewilligt, — jeder Trotz schien bei ihr gebrochen.

„Gurbinski erwartet dich," sagte Rakow; er ist von Allem unterrichtet und glaubt, daß Du ihn liebst. Spiele Deine Rolle gut, Kind, es hängt Alles davon ab."

„So natürlich wie möglich, Papa."

„Aber Du hast Dich ja geschmückt, als sei die Comödie wahrhaftiger Ernst!" setzte der General, der sich schon zum Weitergehen gewandt, hinzu, während sein verwunderter Blick die herrliche Gestalt seiner Tochter von oben bis unten musterte.

„In den Toilettenkünsten besteht ja unsere Stärke," entgegnete Valeska schmerzlich lächelnd, „soll ich einem fremden Manne Liebe heucheln, so muß ich Alles aufbieten, ihn zu gewinnen; die „Comödie" ist einmal nothwendig, wie Du sagst, und da darf die Tochter des Stadthauptmannes ihrem schlauen Vater an List und Ränken nicht nachstehen. Das Wohl des Vaterlandes erheischt es ja, daß ich mich putze, daß ich Liebe heuchle, um diesen Mann in Sicherheit zu wiegen und zu verderben, — nicht wahr, Papa?"

„So gefällst Du mir, Valeska; ich sehe, Du bist werth, meine Tochter zu sein und freue mich, daß Du Deine Aufgabe sofort richtig erfaßt hast. Der Verräther wird Dir glauben und freudig auf meinen Plan eingehen, denn Du bist reizend, Valeska; aber auch das Opfer, das Du bringst, ist nicht allzugroß, denn Gurbinski ist ein stattlicher Mann."

Er schritt davon, befriedigt durch den Gehorsam seiner Tochter. Diese blieb noch eine Weile stehen, bis die Tritte verhallt waren; sie wollte sich sammeln, zu sich selbst kommen, bevor sie Feodor gegenübertrat, gleich einer Schauspielerin, die von der Bühne in's Leben tritt; denn die Comödie w a r schon gespielt dem „schlauen" Vater gegenüber, — jetzt galt es w a h r sein!

Durch ein buntes Glasfenster in der Decke des Corridors, eine farbenprächtige Rosette, fiel das Licht der Sonne auf Valeska, und ein rother Schein übergoß ihre

bleichen Wangen mit Purpur. Sie war reizend in der
That, geschmückt wie eine Braut, die den Geliebten er=
wartet. Ein hellblaues Seidenkleid umfloß ihre schlanke
Gestalt und gleich Schlangen ringelten sich die schwarzen
Haarlocken auf die weißen Schultern herab. Ein glitzern=
der Goldreif mit Diamanten besetzt umspannte den vollen
runden Arm und eine Kette von milchweißen Perlen,
den junonischen Hals. Valeska war schön, ein Bild
so voll Jugendfrische, daß es des Purpurstrahls durch
die Glasrosette nicht bedurft hätte, um sie wie mit einem
verklärenden Scheine zu umgeben. Wenn Valeska wirk=
lich Comödie hätte spielen und einen Mann für sich
hätte gewinnen wollen, — es hätte keiner besonderen
Verführungskunst bedurft, der Sieg wäre ihr sicher ge=
wesen! Nur der schmerzliche Zug um die zuckenden
Mundwinkel und der schwermüthig=traurige Blick contra=
stirte seltsam mit ihrer glanzvollen, blendenden Erschei=
nung. Beide Hände auf das wild pochende Herz pressend,
schritt sie langsam weiter — dem Salon zu.

Feodor stand inmitten des Saales, auf derselben
Stelle, wo er Rakow gegenüber gestanden, gleichsam ge=
bannt, wie angewurzelt an den Boden. Er wagte es
kaum, den Fuß zu bewegen, weil er fürchtete, den Zauber
zu zerstören, der ihn gefangen hielt. Wenn irgend
eine Märchengestalt aus der Kinderwelt verkörpert vor
ihn hingetreten wäre, eine gute Fee oder ein böser Zau=
berer, sein Erstaunen hätte nicht größer sein können, als
es jetzt war, da er seine „Braut" erwartete. Und diese
Braut, die ihm ein unbegreifliches Geschick, ein unent=
wirrbares, unerklärtes Fatum zugeführt, aufgenöthigt
hatte, war die Heißgeliebte, — war Valeska! Jede an=
dere Braut, und wäre sie eine Fürstin gewesen, würde
er zurückgewiesen haben, aber daß er die fast befehlende
Frage des Generals, ob er seine Tochter wolle, mit Ja
beantwortete, verstand sich von selbst; nur war ihm der

Zusammenhang, wie das Alles so plötzlich gekommen, ein Räthsel.

Dann fragte er sich, ob es ein Traum oder Wirklichkeit sei, was er heute erlebt, — aber es war kein Traum, da stand sie ja selbst, die Ersehnte, eingerahmt von den dunkelrothen Damastportièren, eine lichtvolle, blendende Erscheinung, umflossen von dem ganzen Liebreiz kraftvoller Jugendfrische.

„Valeska!" rief Feodor — in dem Worte lag der ganze Jubel seines aufjauchzenden Herzens — „Valeska ist es denn Wahrheit, bist Du's selber?"

Er war zu ihr hingeeilt, hatte ihre beiden Hände erfaßt und führte sie in die Mitte des Saales. „Wie ist's denn möglich, Theure, daß ich Dich heute schon als Braut begrüßen darf? Ich zittere fast vor dem Glücke, das mir so plötzlich lächelt."

Valeska legte statt aller Antwort ihre Arme um den Nacken des Geliebten und barg ihr Antlitz an seiner Schulter. Ihr Körper zuckte, wie wenn sie einen Thränenstrom gewaltsam in ihr Inneres zurückgedrängt und ein tiefes Weh niedergekämpft hätte, und ihr Herz schlug laut und stürmisch; soweit ging die Selbstbeherrschung nicht, daß sie dem Schlagen des Herzens hätte gebieten können.

„Es ist kein Zauber," jubelte Feodor, mit der Rechten zärtlich die Locken seiner Braut streichelnd; „es ist kein Traumbild, kein Gebilde meiner Phantasie, — Du bist's ja selbst, Valeska, ich halte dich in meinen Armen, Du ruhst an meinem Herzen, — und keine Macht der Erde soll Dich mir entreißen!"

Langsam erhob sich die junge Dame; sie hatte auf einen Augenblick vergessen, daß sie Beide nur die Opfer einer unheilvollen Politik seien und daß ihre Liebe nur das Mittel zum Zwecke sei, denn ein schmerzliches Lächeln umspielte ihre Lippen und die Ausdrücke von Glück und Trauer kämpften in ihren Zügen um die Oberhand.

„Ja, ich bin's," sagte sie, Gurbinski auf einen Divan führend und an seiner Seite sich niederlassend, „ich bin Deine Valeska, die Dich liebt wahr und innig, aufrichtig und ohne Falsch; die Dich liebt mit jeder Faser des Herzens — und die bald, vielleicht morgen schon Dein Weib sein wird!"

„Ich kann den mich bestürmenden, hochbeglückenden Gefühlen keine Worte leihen, Valeska, denn was ist die Sprache gegen die Empfindungen in meiner Brust; aber eben so groß wie mein Glück ist meine Ueberraschung —"

„Ich weiß, was Du sagen willst, Feodor," unterbrach ihn Valeska, „aber frage mich nicht. Noch kann und darf ich Dir nicht mittheilen, wie es möglich geworden ist, daß unsere heißesten Wünsche, deren Erfüllung uns gestern noch in unabsehbare Ferne gerückt schien, heute schon Thatsache ist. Nur um Eines bitte ich Dich: was auch kommen und wie geheimnißvoll und räthselhaft Dir auch Manches erscheinen mag, zweifle nie an mir, zweifle nie an meiner Liebe!"

„An Dir zweifeln?" rief Feodor stürmisch, „eher zweifle ich an mir selbst! Nein, hier schwöre ich es Dir bei dem allmächtigen Gotte: mag das Geheimniß, von dem Du sprichst, noch so groß sein, — meine Valeska steht mir so hoch, daß kein Schatten eines Verdachtes je die Reinheit der Gesinnung trüben kann, die ich ihr entgegentrage!"

„Ich danke Dir, Feodor; bleibe stark und fest im Vertrauen auf die Größe und Lauterkeit meiner Liebe, auch wenn mein Mund Dir diese Worte nicht sollte wiederholen können."

Valeska's Wangen glühten, ihre Augen glänzten und eine helle Thräne schimmerte in ihren langen Wimpern.

„Du sprichst so sonderbar, als schreckten Dich dunkle Ahnungen drohenden Unheils, . . . Du weinst um Gottes willen, Valeska, was ist Dir?"

Das junge Mädchen aber faßte statt aller Antwort mit beiden Händen Feodors Schläfen und preßte, das Haupt sanft zu sich hinüberziehend, heiße Küsse auf des Geliebten Mund. Sie hatte ihrem Vater versprochen, „ihre Rolle recht natürlich zu spielen," und der Stadthauptmann würde, wäre er Zeuge dieser Scene gewesen, gestaunt haben, wie natürlich Valeska „die Rolle spielte."

Gurbinski zog seine Braut leidenschaftlich an sein Herz, und so saßen sie einige Sekunden lang Hand in Hand, Wange an Wange, — die „glücklichen" Menschenkinder, die Alles um sich her vergessen hatten.

8.

Die Trauung hatte stattgefunden; alle Formalitäten waren, Dank dem Einflusse des Stadthauptmannes, sehr rasch erledigt worden und über das junge Paar hatte die Kirche ihren Segen gesprochen. Valeska von Rakow und Feodor Gurbinski waren ein Paar vor Gott und dem Gesetze. Der Polizmeister hatte zwar gewünscht, „unter den obwaltenden Umständen" Alles kurz abzumachen, allein er war es doch seiner Tochter und auch der öffentlichen Meinung schuldig gewesen, wenigstens einige Feierlichkeiten zu veranstalten. Er hatte eingesehen, daß er genöthigt war, die „Comödie," die ohnehin Aufsehen machen und zu mancherlei Gereden und Vermuthungen Veranlassung geben mußte, schon um deswillen zu einer einigermaßen feierlichen zu gestalten, um sein Schlachtopfer Gurbinski in vollste Sicherheit zu wiegen. Hätte Rakow den wahren Sachverhalt gekannt, er würde weniger das Mißtrauen des Revolutionärs gefürchtet haben, das er jetzt selbstredend voraussetzte, das er aber durch die gänzliche Nichtbeachtung der conventionellen Formen nicht noch erhöhen wollte, — um seinen eigenen Plan nicht zu durchkreuzen. Die Einladungen zu dem Hochzeitsschmause waren freilich in nur sehr beschränkter Zahl erlassen worden, denn außer den Trauzeugen, zu denen der Bräutigam auch seinen Freund Sergei Petrowitsch gebeten hatte, — ohne freilich zu ahnen, daß der erstaunte Offizier zu der jüngeren Tochter des Hauses Rakow in zärtlichen Beziehungen stand, — hatten nur wenige intime Freundinnen Valeska's und deren Familien an dem Mahle Theil genommen; die hohe Beamtenwelt dagegen hatte der Stadthauptmann nicht zur Tafel gezogen. Nichtsdestoweniger gestaltete sich die schnell arrangirte Feierlichkeit zu einer in ihrem äußern Verlaufe sehr glänzenden; entsprach sie auch nicht den Anforderungen, welche die vornehme Gesellschaft Petersburgs an ein solches Fest zu stellen gewohnt ist, und dem Luxus, den Rakow sonst zu entfalten liebte, so hatte Professor Iwanow, dem man das Arrangement des Ganzen gern überlassen, es doch verstanden, seinem Liebling Valeska eine freudige Ueberraschung zu bereiten, denn der ganze Wintergarten des Palais Rakow, in welchem die Hochzeit gefeiert wurde, war schnell in einen großen Blumengarten verwandelt worden und alle Treibhäuser der Stadt hatten ihr Bestes hergeben müssen, um denselben mit den farbenprächtigsten Blumen und exotischen Gewächsen auszuschmücken. Der Professor war der Einzige, der von den Absichten des Polizeimeisters unterrichtet war, und als dieser ihm unwillig, aber doch lächelnd den Vorwurf machte, es sei des Guten zuviel geschehen, ein bescheidenes Fest habe auch genügt, da hatte Iwanow mit recht unschuldiger Miene erwiedert: „Aber Excellenz, es gilt ja doch der Vermälung Ihrer Tochter; wenn ich eine Tochter hätte und Stadthauptmann wäre, dann würde an dem Tage ihrer Hochzeit ganz Petersburg von dem Jubel meines Hauses widerhallen;" und darauf war die Excellenz schweigend davon geschritten.

Das Festmahl war beendet und der Vater Valeska's hatte sich, nachdem er seinem Schwiegersohne das Patent als Kaiserlicher Rath im Handelsministerium und zugleich die Bewilligung eines mehrwöchentlichen Urlaubs ausgehändigt hatte, unter dem Vorwande, ermüdet zu sein, in seine Gemächer zurückgezogen. Bevor er jedoch den Saal verließ, hatte er den Lieutenant Petrowitsch zu sich gewinkt, der ihm von den Soireen beim Fürsten Zaranzow oberflächlich bekannt war.

„Sie haben als Trauzeuge fungirt," fragte er den Officier, „sind Sie mit Gurbinski befreundet?"

„Sehr enge, Excellenz; wir sind lange Jahre Schulkameraden gewesen und haben stets im intimsten Verkehr zu einander gestanden."

„Vertrug sich dieser Verkehr mit meinem Schwiegersohne mit Ihrer Stellung als Offizier?"

„Weshalb nicht, Excellenz?" fragte Petrowitsch verwundert.

„Haben Sie Gurbinski als excentrischen Menschen mit hochfliegenden, — tollen Plänen kennen gelernt?"

„Niemals. Mein Freund ist eine durchaus nüchterne Natur, ein ehrlicher, offener Character, dem nichts ferner liegt, als excentrisches Wesen und tolle Ideen. Daß er einen gewissen Ehrgeiz besitzt, der darin gipfelt, in seiner Stellung sich emporzuarbeiten, gebe ich zu und billige ich, und dieser berechtigte Ehrgeiz ist heute schon zu meiner Freude durch das Wohlwollen und den Einfluß Ew. Excellenz in bester Weise seinem Ziele nahe gerückt worden, denn Gurbinski ließ sich gewiß nicht träumen, sobald Rath im Ministerium und Gatte des gnädigen Fräulein Valeska zu werden."

„Das glaube ich," murmelte der Polizeimeister, ebenfalls überrascht durch das Lob, das der loyale, kaiserlich gesinnte Offizier dem Revolutionär spendete. Sollte

Gurbinski auch seinen besten Freund getäuscht und dessen Freundschaft nur als Deckmantel benutzt haben, um seine verbrecherischen Pläne mit um so größerer Sicherheit auszuführen? Ohne Zweifel, denn von einem solch' verwegenen Menschen war nach Ansicht des Polizeichefs Alles zu erwarten; jedenfalls war der Offizier von dem geheimen Treiben Gurbinski's nicht unterrichtet.

„Für unser Gespräch, Herr Lieutenant", sagte Rakow sich zum Gehen wendend, „erbitte ich strengstes Stillschweigen, — ich hatte meine Gründe, diese Fragen an Sie zu richten und Discretion zu fordern. Adieu, — amüsiren Sie sich!"

Der General schritt davon, empört darüber, daß er die „Comödie" einleiten und in derselben mitwirken mußte, — man hatte dem Vater so herzlich gratulirt! — aber zu herzlos, um Mitleid mit seiner Tochter zu fühlen und ihr Loos zu bedauern. „Der Kaiser will es ja," brummte er, „er verlangt ja Beweise."

Lieutenant Petrowitsch hatte sich mit einer tiefen Verneigung von dem General, dem Vater seiner Clinka, verabschiedet und eilte mit dem festen Entschlusse zur Gesellschaft zurück, „sich zu amüsiren;" er wollte sich dies von seinem Schwiegervater in spe nicht zweimal sagen lassen.

Feodor Gurbinski, der junge Ehemann, saß glückstrahlend an der Seite Valeska's, die heute die Seinige geworden, die ihm ewige Liebe und Treue geschworen. Er war stolz auf seine Frau und hatte mit den berechtigsten Hoffnungen die Glückwünsche entgegengenommen, die man ihm allseitig darbrachte. Jede Beängstigung, jeder bange Zweifel, welche das Gebahren und die Worte seiner Braut in ihm hervorgerufen, war gewichen und hatte einer Gemüthsstimmung Platz gemacht, die seltsam mit der erzwungenen Fassung und der stillen Wehmuth Valeska's contrastirte. Er begriff diese in der That nicht, denn die sprudelnde Munterkeit, die beglückende Herz=

lichkeit, die ihm die Geliebte früher in so vollem Maße
entgegen getragen, — sie schien auf die Gattin nicht
übergegangen zu sein, und doch war an dem heutigen
Tage ihr heißester Wunsch in Erfüllung gegangen. Feodor
hatte bemerkt, daß Valeska selbst bei dem lannigen Toaste,
den Professor Iwanow auf das junge Brautpaar aus=
brachte, als Alle jubelten und begeistert zu den Pokalen
griffen, einen stillen Seufzer unterdrückte, und doch war
er überzeugt, daß dieser Seufzer nicht ihm galt, nicht
dem Umstande, daß sie ihm heute angetraut worden. Er
hatte sich zu ihr hingeneigt und geflüstert: „Bist Du
nicht ganz glücklich, Valeska?" Aber statt aller Antwort
hatte sie seine Hand gedrückt und wehmüthig gelächelt.

„Sie sieht noch immer Gespenster," dachte Gurbinski,
„und die Wehmuth ist bei einer jungen Frau ein natür=
liches Gefühl am Hochzeitstage; welche Braut hätte an
diesem Tage nicht geweint?" . . . Und dennoch schmerzte
ihn diese Wahrnehmung, der er zwar keine tiefere Ur=
sache beimaß, die er aber instinctiv mit dem Geheim=
niß in Verbindung brachte, das der schnellen Heirath
zu Grunde lag. Er glaubte sich die Sache also erklären
zu müssen: Der Stadthauptmann war eine rücksichtslose
Natur und betrieb, sobald er von der Liebe seiner Tochter
zu dem unbedeutenden Mitarbeiter im Ministerium er=
fuhr, ebenso schnell die Vermälung, wie er die Beför=
derung seines Schwiegersohnes zum Kaiserlichen Rathe
betrieben hatte. Es war vielleicht zu einem heftigen
Auftritte zwischen Vater und Tochter gekommen, — Gur=
binski kannte den energischen Character Valeska's —
und wahrscheinlich waren die Nachwirkungen dieser Scene
die Ursache ihrer Verstimmung.

„Bist Du ganz glücklich und sorglos?" fragte ihn
Valeska nach einer Weile, indem sie seine Rechte mit
beiden Händen faßte und ihm voll in's Auge sah.

„Gewiß, — welche Ursache hätte ich, es nicht zu
sein? Schüttet nicht die Glücksgöttin ihr ganzes Füll=

horn über mich? Sie gibt Dich mir, schneller als ich es hoffen durfte, zum Weibe; sie zeigt mir die lachende Perspective einer glänzenden Carrière, — sie reißt mich aus der Nacht banger Zweifel, kühner Träume, aus dem Nichts, plötzlich auf eine sonnige Höhe, — Valeska, darf ich nicht ganz glücklich sein?"

Die junge Frau blickte zweifelnd in das leuchtende Auge des geliebten Mannes; sie begriff diese Sorglosigkeit nicht; mußte er sich denn nicht selbst sagen, daß er als Chef der Revolutionspartei auf einem Vulcan stand — oder hatte er sich so sehr in Sicherheit eingewiegt, daß er die Entdeckung seiner geheimen Agitationen für ein Ding der Unmöglichkeit hielt? . . .

Die schmetternde Musik rief zum Tanze, die Paare ordneten sich; der Lieutenant Petrowitsch hatte Olinka den Arm gereicht, den diese erröthend, aber ohne Zögern genommen; ihre Hand zitterte in dem Arme des Offiziers und Purpurröthe brannte auf ihren Wangen. Sie war so schön in dem duftigen weißen Kleide; die Diamanten am Halse und in den goldenen Armspangen glitzerten im Lichte der Gasflammen wie Thauperlen im Morgensonnenstrahl, und die heißrothe Camelie im dunkeln Haar und die milchweißen Perlschnüre in den Locken versinnbildeten sinnig die Liebe und Unschuld des jungen Mädchenherzens; denn der Gifthauch der petersburger Gesellschaft hatte diese frische Knospe noch nicht geknickt.

„Ich war glücklich, daß mein Freund Gurbinski mich zum Brautführer wählte," flüsterte Sergei, „weil ich hierdurch Gelegenheit fand, Sie vor meinem Abmarsch noch einmal zu sprechen."

Seine Stimme bebte leise, und inniger schmiegt sich die zarte Gestalt Olinka's an den hohen, schmucken Offizier, der sie um mehr als Kopfeslänge überragte. Der erste Tanz war vorüber; die Paare promenirten plaudernd auf und ab, nahmen Erfrischungen und ließen sich in den Nebensälen auf purpurnen Divans nieder;

das gewählte Orchester spielte muntere Weisen. Petrowitsch führte seine Tänzerin, die leicht wie eine Sylphide mit ihm dahingeschwebt war, an das südliche Ende des Wintergartens, wo das Geplätscher der Springbrunnen auf moosbewachsenen Grotten und künstlichen Tropfsteinbildungen zu traulichem Geplauder einlud. Hier, wo schlanke Palmen ihre fächerartigen Kronen stolz in die Glaskuppel hoben, wo Riesencactus und Gummibäume in mächtigen Bottichen mit Orangen-, Feigen- und Citronenbäumen zu wetteifern schienen, die sorgliche Pflege der kundigen Hand durch üppiges Wachsthum zu lohnen, glaubte man in eine Tropenlandschaft zu treten, und die warme Luft, angenehm gekühlt durch die murmelnden Springquellen, harmonirte mit dem heißen Herzschlage der Liebenden. Terrassenförmig bauten sich die Anlagen auf; auf leichten, zierlichen Eisentreppen, deren Stufen künstlich geformtes Geäste und Baumwurzeln bildeten, schritt man zwischen Grotten aus Lava und Muscheln, die mit Schlingpflanzen durchrankt und überwuchert waren, zu lauschigen Ruhesitzen hin, welche überhangende Fächerpalmen und Blattwerk zu natürlichen Lauben schufen.

Schweigend aber klopfenden Herzens führte Petrowitsch die jüngere Tochter des Stadthauptmannes durch dieses süß duftende Stück Tropenwelt und ließ sich auf einer Ruhebank, von der aus der ganze Wintergarten zu überschauen war, an Clinka's Seite nieder. Lorbeer- und Orangenbäume entzogen zum Theil das junge Paar den Blicken der Hochzeitsgäste, und gedämpft nur drang das Gemurmel derselben in diesen Winkel. Da unten im hellerleuchteten Saale tanzten lachende, fröhliche Menschen, und hier oben zwischen Felspartien und Blumen fanden zwei liebende Herzen ihr Glück in der stillen Absonderung von dem Gewoge und Geplauder der Anderen. Sie scheuten sich, ihr Glück der kalten, neidischen Welt zu zeigen, die dasselbe doch nicht begriffen, vielleicht belächelt hätte; sie wollten, wenn auch nur wenige Minuten, allein sein, sich allein angehören. Und wie kostbar waren diese Minuten! Hundert Fragen hatte Sergei auf dem Herzen; es drängte ihn zu erfahren, wie es gekommen, daß sein Freund Feodor so urplötzlich Valeska's Gatte geworden; ob die Beiden sich schon längere Zeit gekannt hätten, da ihm von Gurbinski außer einigen dunklen, jetzt allerdings aufgeklärten Andeutungen nie eine das zarte Verhältniß berührende Mittheilung gemacht worden; allein am meisten interessirte den jungen Offizier doch seine eigene Herzensangelegenheit, und sich hierüber Gewißheit, d. h. Antwort auf sein Schreiben zu erbitten, dazu war jetzt der Augenblick gekommen.

Sein glänzendes Auge, das ungebrochene Jugendkraft und eine Aufrichtigkeit der Neigung wiederstrahlte, wie sie in den blasirten Kreisen russischer Offiziere selten angetroffen werden dürfte, ruhte mit einem Ausdruck, der unaussprechliches Glück mit bangster Erwartung in sich vereinigte, auf Olinka, und um den Mund zuckte es, wie wenn die zagenden Lippen sich gescheut hätten, die verhängnißvolle Frage zu stellen, deren Beantwortung über seine stolzen Hoffnungen, sein kühn erträumtes Glück entscheiden mußte. Aber sagte ihm nicht der stumme Blick durch seinen Glanz und die verrätherische Befangenheit des geliebten Mädchens schon im Voraus, noch bevor der Mund den Gefühlen Ausdruck gegeben, daß die kühne Hoffnung nicht eine vergebliche sei? Und gerade dieses ahnungsfreudige Bewußtsein war es, das die Brust Sergei's höher schwellen machte und ihn zögern ließ, den entscheidenden Schritt zu thun, wie man auch wol ein Glas goldfunkelnden Weins einige Sekunden in der Hand hält und betrachtet, ehe man den edlen Trunk an die verlangenden Lippen führt.

Olinka's träumerischer Blick umspannte trunken das vor ihr ausgebreitete herrliche Panorama und das wogende Bild der fröhlichen Gäste, übergossen von dem

Lichtmeer, das aus Hunderten von Kandelabern und
krystallenen Kronleuchtern strahlte und in den Wasser=
perlen der Springbrunnen, in bunten Glaskugeln, in den
großen Wandspiegeln und der Glasdecke tausendfach und
in allen Farben des Regenbogens reflectirt wurde. Da=
zwischen die Blumen und Gewächse, die Guirlanden und
Kränze, das reich bestandene Buffet, von welchen gallo=
nirte Diener Eis und Obst in Krystallschalen den Gästen
reichten; die prachtvollen goldgeäderten Ebenholzmöbel
und die scharlachrothen Seidendivans mit Goldquasten, —
dies Alles bot ein Bild so voll zauberischer Schönheit,
daß es der schmeichelnden, hüpfenden Musik nicht bedurft
hätte, um die Sinne zu bestricken und in süße Träume
zu wiegen.

Träumte Olinka denn? Ihr thränenumflorter Blick
hätte dies vermuthen lassen können, aber die Hand,
welche sie fest auf's zuckende Herz preßte, bewies, daß
ihre Gedanken nicht in weiter Ferne schwebten, sondern
daß sie sich bewußt war, wer neben ihr zur Seite saß,
und daß diese Gedanken sich mit Sergei beschäftigten.
Eingerahmt von Blattpflanzen und unter den nieder=
hängenden Blättern einer Zwergpalme, deren lange,
spitze Blätterstrahlen das Haupt Olinka's muschelförmig
umgaben, saß sie in dem weißen Mullkleide da, wie eine
Waldfee, und die ganze liebliche Erscheinung hätte an
eine verkörperte Märchengestalt glauben lassen können, die
ihren schmucken Ritter zu trautem Stelldichein geladen.
Ihr zu Füßen sprudelte ein broncener Delphin aus
seinen Nüstern perlende Wasserstrahlen, die über feuchte
Steine in ein von Goldfischchen belebtes Wasserbassin
niederrieselten, und aus dem dunkeln Grün leuchteten
geisterhaft die aus weißem parischem Marmor kunstvoll
gemeißelten Bilder der griechischen Götterwelt hervor.

Ein leiser Seufzer zitterte auf Olinka's Lippen und
ihre Blicke hafteten auf dem Feuer, das aus dem Dia=

mantenaugen der Schlange sprühte, welche als Goldreif ihr linkes Handgelenk umspannte.

"Olinka," flüsterte Sergei — er glaubte die Schläge seines und ihres Herzens hören zu können, — "Olinka, darf ich in diesem Augenblicke, wo ich im Begriffe stehe, Sie auf ungewisse Zeit zu verlassen, die Frage wiederholen, die ich in meinem Briefe an Sie gerichtet? Darf ich hoffen, daß Sie meine Kühnheit mir verzeihen und mir nicht zürnen?"

"Sie verlassen b a l d schon Petersburg?" fragte Olga, das Haupt jäh aufrichtend, mit ängstlich zitternder Stimme.

"Heute erhielt die Garde Befehl, übermorgen rückt das Regiment aus."

Olga's Athem stockte eine Sekunde und ihr Antlitz wurde so bleich wie die marmorene Pallas in ihrer Nähe . . . "Uebermorgen schon?" . . .

"Ja. Darf ich in den Krieg ziehen mit dem beglückenden Bewußtsein, daß Sie sich meiner freundlich erinnern? Darf ich hoffen, daheim ein Herz zu wissen, das für mich schlägt?"

Helle Thränen traten in des jungen Mädchens große Augen; es hätte laut aufschreien mögen vor unnennbarem Weh, denn der Gedanke an die Trennung ging wie ein Dolchstich durch's laut pochende, zuckende Herz. Sie war sich bewußt, daß jene zarte Scheu und Schüchternheit, welche wie eine Dornröschenhecke das Geständniß der ersten Liebe auf Mädchenlippen umschließt und nicht so leicht zum Durchbruch kommen läßt, in diesem ernsten Augenblicke nicht am Platze war; sie fühlte sich verpflichtet, ihre Empfindungen für Petrowitsch nicht eigenwillig in ihrer Brust zu verschließen, und dennoch fehlte ihr die Kraft, auch nur mit einem Laut die an sie gerichtete Frage zu beantworten. Leise, wie wenn die Gewalt der Liebe und die Wucht des Schmerzes sie niedergedrückt hätte, senkte sie das Lockenköpfchen und lehnte es einen Moment lang an die stolz wogende Brust des Officiers.

Dieser legte seinen Arm um ihr Haupt, so daß in seiner Hand die heiße Stirn Olga's ruhte, preßte sie flüchtig an sein Herz und sagte dann, ihr voll in's Auge blickend: „Du liebst mich, Olinka?"...

Es ist ein gar eigenes Ding, die erste Liebe in einem jungen, braven Mädchenherzen, jenes rosig-verklärende Morgenroth des Lebens, das Ahnen neuen Glückes, welche eine neue Welt mit ganz neuen Gebilden dem Menschen erschließt. In ihr spricht die Lyrik die zartesten Regungen aus; jeder Pulsschlag ist ein Hymnus, jeder Athemzug ein freudiges Hoffen und Sehnen, ein Bangen und Verlangen, das sich dem Geliebten wie einem Hohepriester im weißen Kleide der Unschuld naht. Wol mögen ihn preisen alle Dichter in allen Zonen und Zungen, diesen lachenden Frühling des Lebens, diesen gaukelnden Traum mit paradiesischen Anklängen, der sich nie vergießt, mag auch das Haar gebleicht und das Herz im stürmischen Kampfe gebrochen sein; mögen sie ihn verherrlichen diesen süßen, bestrickenden Wahn, der nur zu bald von der rauhen Wirklichkeit geknickt und zertreten wird!

„Liebst Du mich?" wiederholte Sergei, Olga's Hand in seiner Rechten haltend; sein Athem ging schneller, seine Augen sprühten ein Feuer, das mit den Diamantenaugen der goldenen Armbandschlange wetteiferte, — „dann sage es mir!"

„Ja!" hauchte Olinka, erbleichend und erröthend, zitternd wie ein Vulcan, der die lang verhaltene Lavagluth plötzlich mit gewaltigem Rucke ausstößt, „ja, Sergei, ich liebe Dich!"

Was sollten die beiden Glücklichen sich mehr sagen? Umschloß dieses Wort nicht Alles, was sie sich sagen konnten? War es nicht der Inbegriff all' ihrer Hoffnungen und Wünsche?... O, daß die Blattpflanzen nicht dichter standen, daß die tropischen Gewächse nicht eine bergende Wand bildeten, damit das junge Paar das neue Herzensbündniß mit einem ersten, langen Kusse hätte besiegeln können! Hand in Hand, schweigend und lächelnd saßen Olga und Sergei da, die jubelnden Hochzeitsgäste und die baldige Trennung vergessend, bis sie plötzlich eine Stimme aus allen Himmeln riß, die dicht über ihnen flüsterte: „Nun, seit ihr einig?"

Beide fuhren erschrocken und jählings auf und blickten in das schelmisch lächelnde Gesicht des „abscheulichen" Professors Iwanow.

„Aber, Herr Professor!" sagte Olinka, purpurn flammend, das ist . . . das ist recht boshaft von Ihnen!"

„Boshaft, daß ich mich eures Glückes freue und euch segne an Vaterstelle? . . . Aber kommt, man vermißt euch in der Gesellschaft."

Sie schritten hinab in den Saal und mußten gleichgiltige Reden führen, und sie hätten doch lieber in einem stillen Winkel gesessen und Wichtiges besprochen. Aber wie ein verklärender Glanz lag es auf Olga's Antlitz, wie wenn der Frühlingssonnenstrahl die volle Rosenknospe spaltet.

„Wo ist Valeska?" fragte Olinka den Professor. Iwanow lächelte.

9.

Es war ein stürmischer, naßkalter Morgen; ein scharfer West peitschte einen feinen, aber dichten Regen durch die Straßen Petersburgs, kräuselte die Wassertümpel auf dem Pflaster und rüttelte zornig an den vergoldeten Ketten, die auf den Kuppeln der Kirchen hin und her schwankten. Der ganze Himmel war eine blau=

graue Wolkenmasse, die nur im Zenith, wo die Sonne
hinter dem Wasserschleier stand, aber vergebens bemüht
war, denselben mit ihren noch kraftlosen Strahlen zu
durchbrechen, eine lichtere Stelle zeigte.

Valeska saß, in einen hellen, einfachen aber ge=
schmackvollen Morgenrock gehüllt, an einem Fenster ihres
Salons und blickte träumerisch durch die Spiegelscheiben
hinaus auf den unfreundlichen Himmel. Sein Bild
harmonirte mit ihrer gedrückten Seelenstimmung, und
das eintönige Plätschern des Regens, den der Wind
wider die Scheiben trieb, summte die Melodie zu ihrem
melancholischen Brüten.

Ein reizendes Spitzenhäubchen zwängte die Fülle des
Lockenhaares in ein duftiges Mullnetz, aber ganz ver=
mochte es sie nicht zu fassen; einzelne Locken ringelten
auf die Schultern nieder, und das bläuliche, glänzende
Schwarz der Haare hob sich mit grellem Contraste von
dem schneeweißen Gewande ab. Eine Perlenstickerei
ruhte in dem Schooße der jungen Frau und die Alabaster=
hände ruhten ineinandergeschlungen auf der halbvollen=
deten Arbeit.

Acht Tage waren seit dem Hochzeitsmorgen vergangen;
Valeska hatte mehr geseufzt wie gelacht, denn immer
näher rückte der Termin, der ihren Glückestraum auf
immer zerstören und ihn, den sie mehr liebte wie je,
in den Tod oder in die Verbannung jagen mußte. Sie
begriff die Sorglosigkeit, den Gleichmuth, die helle Munter=
keit ihres Mannes nicht; es war ihr freilich erklärlich,
daß er seine junge Frau nicht in die geheimen politischen
Intriguen einweihte, daß er sie nicht zur Mitwisserin
der Verschwörung machte, — welchen Zweck sollte es
auch haben? — aber es war ihr unbegreiflich, daß
Gurbinski, der sich als Haupt der Revolutionspartei
mit den gewagtesten Plänen trug, dessen Sinnen und
Trachten dahin ging, die Regierung, den Despotismus
des Czaren zu stürzen, zu Hause ein so ganz anderer sein

und so unbefangen scherzen konnte, als kümmere ihn die Politik und das revolutionäre Treiben nicht im mindesten. „Er will mich nicht ängstigen," dachte sie, „er wiegt sich selbst in eine Sorglosigkeit ein, die nur eine Maske ist, er glaubt sich sicher und ahnt nicht, wie nahe das Verderben lauert."

Hundertmal schon hatte sie den Entschluß gefaßt, Feodor zu warnen, ihm zu sagen, daß der Geheimpolizei sein Treiben bekannt sei, daß er auf Schritt und Tritt bewacht und von Spionen umgeben sei, aber sie vermochte es nicht, weil sie vor den Consequenzen dieser Mittheilung zurückschreckte; tausend Pläne hatte sie ersonnen und verworfen, ihn zu retten, — sie fühlte sich machtlos dem drohenden, furchtbaren Verhängniß gegenüber. Unzählige Mal hatte Feodor schmeichelnd gefragt, warum denn sein junges, herziges Weibchen seufze, ob sie nicht glücklich sei, und jedesmal hatte sie gelächelt und sich zur Unbefangenheit gezwungen, um nicht antworten zu müssen.

Anhaltspunkte, die den Verdacht ihres Vaters bestätigten, hatte sie freilich nicht; Gurbinski war vorsichtig; er hatte sich mit keinem Worte, keiner Silbe verrathen, und wenn der Stadthauptmann heute seine Tochter nach den ersehnten Beweisstücken gefragt hätte, sie hätte offen und ehrlich erklären dürfen, daß sie von denselben nicht die leiseste Spur entdeckt habe. Es kamen Briefe an, — Glückwünsche, Freundesbriefe, — Feodor hatte sie seiner Frau vorgelesen; aber es war noch kein Schreiben eingetroffen, das er ihr verheimlicht hatte, das irgend einen Verdacht erregt hätte; auch hatte, soviel sie wußte, keine Personen mit ihm verkehrt, deren Gebahren auf revolutionäres Treiben, auf geheime Agitationen schließen ließ; kurz, es schien, als habe das Haupt der Verschwörung seiner Gattin nichts zu verbergen, als sei er der harmloseste, loyalste Staatsbürger. Gurbinski arbeitete freilich viel; er saß stundenlang an

seinem Pulte und schrieb, zeichnete Karten, las viele
Zeitungen und Broschüren, aber diese Thätigkeit war
an sich doch kein Beweis, daß er die staatliche Ordnung
und den Thron des Kaisers in die Luft sprengen wollte!
„Er hat vielleicht seine politische Agitation einstweilen
eingestellt", sagte sie sich, „vielleicht ahnt er mehr, als
er sich merken läßt, . . . er thut klug daran."

Das Feuer in dem Marmorkamin verbreitete eine
behagliche Wärme in dem elegant ausgestatteten Salon.
Die vergoldete Pendüle in dem reich geschnitzten Eben=
holzrahmen zwischen hohen Spiegeln tickte eintönig, und
der grüne Papagei knabberte mit seinem krummen
Schnabel und der dicken schwarzen Zunge an den
Kupferdrähten seines Bauers.

Valeska stand auf; der Vogel schlug freudig mit
den Flügeln und plapperte mit lauter Stimme: „Su=
darinja Valeska!" Sie reichte ihm ein Stück Zucker
und schritt nachdenklich über den weichen Teppich; fast
mit Bitterkeit streifte ihr Auge die Gegenstände in dem
Salon: die werthvollen Oelgemälde in breiten Gold=
rahmen, das dunkle Roth der Sammettapete, die weißen
Marmorreliefs, die weißseidenen Vorhänge, die Gyps=
figuren in den Nischen, der kunstvoll geschnitzte Blumen=
tisch, der zwischen seltenen Gewächsen eine Krystallkugel
mit Goldfischchen trug, — Alles dies trug Eleganz,
künstlerischen Geschmack, ein feines Schönheitsgefühl zur
Schau; die harmonischen Farbentöne berührten wohl=
thuend das Auge und die schwellenden Divans luden
zur behaglichen Ruhe ein, — und doch widerten sie
fast die junge Frau an: „Es ist ja nur eine Falle,"
murmelte sie, „um den Löwen zu fangen, — und ich
— ich bin der Köder!"

Der Stadthauptmann hatte seine Tochter luxuriös
ausgestattet; die Mitgift war fürstlich. Er hatte ihr
ein stattliches Palais zur Verfügung gestellt und die
großen Magazine Petersburgs hatten ihr Bestes liefern

müssen, das Haus des „Ministerialrathes" Gurbinski auszuschmücken und wohnlich einzurichten, und ein halber Tag hatte genügt, das Wunder zu verkörpern.

„Die Ausstattung gilt ja Deinem demnächstigen „eigentlichen" Manne", hatte Rakow lächelnd gesagt; der „nicht eigentliche" Gatte sollte nur eine kurze Frist in diesem goldenen Käsige athmen dürfen. Valeska hatte Alles schweigend geschehen lassen; sie hatte sich um Nichts gekümmert, als sei es nicht i h r neues Heim, das man in Stand setzte; nur Eins hatte sie sich von ihrem Vater ausbedungen: daß er sie vor Ablauf der vierzehn Tage nicht spreche, nicht sehe, nicht weiter in sie dringe; sie werde Alles selber besorgen, hatte sie erklärt, — und Rakow hatte sich gefügt.

Daria, die ihrer Herrin gefolgt war, trat in den Salon und präsentirte auf silbernem Teller eine Karte.

„Warum diese Förmlichkeit?" sagte Valeska wehmüthig lächelnd; „der Herr Professor weiß, daß er mir stets willkommen ist. Führe ihn hierher."

Sie warf einen Blick auf ihren Morgenanzug, und die Bewegung der Hand, mit der sie die Falten des Kleides zurückwarf, schien sagen zu wollen: „Der Professor kennt mich — und ich mag mich nicht putzen."

Iwanow erschien und mit ihm trat eine Dame ein, die er als Fräulein Wjera Sassulitsch, die Tochter seiner Jugendfreundin, vorstellte. Frau Gurbinski empfing die Unbekannte mit einer Herzlichkeit, die das lebhafte Interesse verrieth, das sie an dem traurigen Geschick des schwergeprüften Mädchens nahm.

„Seien Sie mir willkommen," sagte sie, Wjera die Hand reichend, „ich kenne die unverdienten, schweren Leiden und Verfolgungen, die Sie im Kerker und in Sibirien erduldet; Herr Professor Iwanow hat mir Alles mitgetheilt."

„Ich bin ein Opfer der allgewaltigen Geheimpolizei geworden," versetzte Wjera kurz, fast bitter.

Man ließ sich nieder und die Unterhaltung wurde bald eine lebhafte; das Geschick dieser Unglücklichen, die man ohne jede Ursache zu einer politischen Verbrecherin gestempelt, interessirte Valeska um so mehr, als ein gleiches oder noch herberes Geschick einem andern politischen Verbrecher bevorstand, den sie nicht nur mit vollster Glut liebte, sondern den sie jetzt auch Gatten nannte, dessen Namen sie trug. Während Wjera von ihrem Aufenthalte im Gefängnisse und in den Wüsten Sibiriens mit einer Lebhaftigkeit erzählte, die für die Tiefe der seelischen und körperlichen Leiden, die sie ertragen, redend Zeugniß ablegte, hatte Valeska Muße, den Schützling des Professors genau zu betrachten.

Wjera mochte neunundzwanzig Jahre zählen, aber die Frische der Jugend war von diesen bleichen, abgehärmten Zügen längst gewichen; schon im Keime hatten Kerkerluft, Gram und Erbitterung die Rosen auf den Wangen gebleicht. Das dunkle Auge blitzte lebhaft, und um den Mund war jener characteristische Zug bemerkbar, der auf Energie und Willenskraft schließen läßt und der, wenn er bei Frauen hervortritt, das echt Weibliche sofort aus den Zügen verwischt. Man erkannte auf den ersten Blick, daß Wjera nicht eine jener weiblichen Dulderinnen war, die sich schweigend in ihr Loos fügen, die nur leiden und nicht, wenn es sein kann, auch handeln; jeder Blick verrieth, daß sie grimmig an den Ketten gerüttelt, die sie getragen; daß sie sich aufgebäumt gegen das unverdiente Geschick; daß Bitterkeit in ihr Herz eingezogen war und daß sie Feindschaft der Menschheit und der staatlichen Ordnung geschworen hatte, die sie, die Schuldlose, niedergetreten. Ihre bleichen Züge waren hart, jede weiche Linie fehlte, und die Lebhaftigkeit ihres Vortrages ließ auf einen Character schließen, der von Ergebung und Schwäche sehr weit entfernt war. Angenehm, empfehlend, sympathisch berührend war die

Erscheinung und das Auftreten dieses Mädchens nicht, — was sie aber war, das hatte die russische Polizeiwillkür aus ihr gemacht.

„Ihr Loos war ein furchtbares, Fräulein," sagte Valeska. „Ihre ganze Jugend ist vergiftet, Ihr ganzes Lebensglück zertreten worden; ich empfinde das anrichtigste Mitleid mit Ihnen. Zum ersten Male habe ich Gelegenheit, Jemand zu sprechen, der die Schrecknisse Sibiriens selbst durchgekostet hat; ist es wirklich so furchtbar in jenem Lande, wie die Berichte ahnen lassen?"

„Gnädige Frau, was ist die lebhafteste Schilderung gegen die nackte Wirklichkeit? Das glühendste Wort verhält sich zu den Thatsachen, wie gemaltes Feuer zu brennender Lohe. Wenn Ihre Nerven stark sind, will ich Ihnen nur einen Gang erzählen, den ich durch eine sibirische Mine gemacht habe."

„Ich bitte darum."

Wjera holte tief Athem, gleich als drücke die Erinnerung an jene Schrecknisse noch jetzt mit Centnerschwere ihre Brust; dann begann sie: „Tobolsk lag längst hinter mir. Nach tagelanger einsamer Fahrt auf einer elenden Karete sah ich in einiger Entfernung vor mir einen hohen Berg und in seiner zerklüfteten Flanke eine kolossale Oeffnung, welche dem Schlund eines ausgebrannten Kraters sehr ähnlich sah. Aus dem Innern quollen mir übelriechende Dünste entgegen. Um mich daran zu gewöhnen, mußte ich erst eine Zeit lang den Athem anhalten. Mit dem Taschentuche vor dem Munde schritt ich näher — hinein in die gigantische Felsöffnung. Von den Wänden sickerte in großen Tropfen schmutziges Wasser, das in einen Teich, oder besser in eine Lache außerhalb des Einganges abfloß. Das Terrain fiel von dort aus jäh ab, um weiter nach Osten und Norden sich wieder mehr als viertausend Fuß über dem Meeresspiegel zu erheben. Eine Weile lange Kette von Schneegletschern verlieh der Mine den Character einer uneinnehmbaren Festung.

Gleich links am Eingange ist ein wahrhaft vorsündfluthliches Wachthaus erbaut, in welchem ein Piquet Kosaken Portierdienste versieht. Von der inneren Einrichtung kann nur der sich einen annähernden Begriff machen, der sich durch den Augenschein davon überzeugt hat. Mehrere von Schmutz starrende Pritschen und ein roh gezimmerter Tisch bildeten das ganze Inventar. Vor der Thür bemerkte ich als einzigen Hinweis auf die europäische „Cultur" eine Doppelreihe von Gewehrständen, zwischen denen ein bärtiger Kosack nachdenklich auf- und abschlenderte.

Ich zeigte dem Officier du jour die Legitimation, welche mich berechtigte, die Mine zu betreten; ein Oberst, der meinem Vater befreundet gewesen und den mein unverdientes Loos mitleidig berührte, hatte mir diese Erlaubniß erwirkt, um mir einige „Abwechslung" zu verschaffen und zugleich, damit ein Vergleich des schrecklichen Schicksals dieser Minensclaven mit meiner Lage versöhnend auf mich einwirken sollte.

Von einem Führer begleitet, durchschritt ich einen langen überaus engen und finsteren Korridor, der nach dem Gefäll des Fußbodens zu schließen, in die Tiefe führen mußte. Die Erde war so so schlüpfrig und von dem Grundwasser derartig durchnäßt, daß ich mehrfach in Gefahr schwebte, nieder zu stürzen. Den ganzen unheimlichen Raum füllten pestilenzialische Miasmen.

Ich fror wie in einem Eiskeller und dabei herrschte eine so undurchdringliche Finsterniß, daß man nicht einmal die Hand vor den Augen sehen konnte.

Unsere Wanderung mochte etwa zehn Minuten gedauert haben, als ich in der Ferne einen zitternden, unbestimmten Lichtschein bemerkte. Er gab mir die Gewißheit, daß wir uns dem Ziele näherten. Der Boden wurde immer weicher, schlammiger und die Kälte immer

durchdringender. Bei jedem Schritt
einige Zoll ein. Das gedämpfte
Schritte erinnerte mich unwillkürlich a[n]
Grotten, die ich seiner Zeit am S[…]
gesehen. Es roch nach Moder und […]

„Wir sind vor dem Bergwerk!"
indem er mit einer bezeichnenden Ge[…]
Eisengitter wies, das die korridorarti[g…]
Die massiven Stäbe, welche kaum ei[n…]
schlüpfen gestatteten, bedeckte dicker
Schlosse klirrten schwere Ketten.

Ein Wächter erschien. Auf ein[…]
Führers, der einen höheren Rang ei[n…]
öffnete er. Aber welche Anstrengun[g…]
das völlig eingerostete Gitter in sein[…]
zu bewegen, daß wir durch konnten!

Wir befanden uns in einem br[…]
manneshohen Raum, den eine klei[…]
spärlich erleuchtete. Der matte Sch[…]
beim besten Willen nicht, mich einig[…]
Zweck dieser Höhlenerweiterung zu […]

„Wo sind wir?" wandte ich mich […]

„Im Schlafsaal der Verurtheilte[…]
„früher war dies ein ergiebiger St[…]
er als Obdach!"

Ich schauderte. —

Diese unterirdische Gruft, die […]
Mond beschien, nannte der Mensch […]
In dieser von Miasmen angefüllten […]
Unglücklichen, welche die herrschende […]
bannt hatte, auf einer jämmerlichen […]
des Tages Last und Arbeit ausruhen.
Felswände waren alkovenartige […]
der ganze Raum machte den Eindr[uck…]
Bienenkorbes. In jeder Zelle cam[pirten…]
fünf Sträflinge. Ueber den einzelnen

je eine starke Eisenkrampe eingelassen, die dazu diente, die Unglücklichen wie bissige Hunde anzuschließen.

Nirgends eine Thür. Nirgends ein Fenster. Ueberall nacktes Gestein und verrostetes Eisen! Das Stroh, auf welchem die Gefangenen schlafen mußten, war naß und halb verfault. Es kam mir wie fetter Dünger vor. Ein kleiner Strohsack am Kopfende diente als Kissen, ein feuchter Ueberwurf aus Sackleinwand als Bettdecke. Kein Tisch, kein Schemel. In einer Ecke brannte zu Ehren der Madonna, die darüber hing, ein Lämpchen . . . . . Das Bild umschloß ein abgenutzter Goldrahmen.

Mit Abscheu musterte ich meine Umgebung. Ich athmete erleichtert auf, als wir den „Schlafsaal" hinter uns hatten. Mein Begleiter führte mich in einen andern, ebenfalls finsteren Gang, der durch verschiedene Eisengitter gesperrt war. In Kopfhöhe hatte man ab und zu Laternen befestigt, welche den holperigen Weg spärlich beleuchteten. Sonst war das Erdreich etwas fester, als im ersten Korridor. Es herrschte anfangs eine unheimliche Stille.

Am Ende dieses Ganges angelangt, traten wir in einen großen Saal. In der Mitte standen ein runder Tisch und drei Schemel. Mehrere Fackeln, die an der Wand in einem Eisenring befestigt waren, ersetzten hier die Lampen. In diesen Saal mündeten mehrere verschiedene enge Gänge, über deren Zweck ich mir nicht recht klar geworden bin. In der Decke war ein großes Gitterfenster angebracht, das dem Tageslicht spärlich Eingang gestattete; dasselbe vermischte sich mit dem Fackelschein zu einer unbeschreiblich düsteren Beleuchtung. Das matte Halblicht ließ die ohnehin schon unheimliche Oertlichkeit noch unheimlicher erscheinen.

Das war die eigentliche Mine . . .

Hier erscholl ein infernalischer Lärm, verursacht durch die Hacken und Hämmer, mit denen das harte

Gestein von den Verbannten bearbeitet wurde. Vor mir sah ich einige Hundert zerlumpte Gestalten mit entsetzlich verwilderten Bärten, todtblassen, krankhaften Gesichtern, mit roth geränderten Augenlidern, mit dicken Fußketten . . . die Sträflinge!

Nicht ein Einziger sah gesund aus. Keiner pfiff zufrieden bei der harten Arbeit sein Lied. Alle schwangen schweigend den Hammer. Hin und wieder nur blickten sie scheu zu uns herüber. An jedem Arm klirrten die Ketten, die sie von „Rechtswegen" zu tragen verdammt sind. Fluchwürdige Justiz, die so barbarisch straft!

Viele der Sträflinge waren barfuß, Andere trugen zwar Schuhe, indessen, wie sahen diese aus! Bei manchen ersetzten auch Sandalen die Fußbekleidung.

Die Lumpen, in welchen sie eingehüllt waren, waren von dem herabsickernden Wasser völlig durchnäßt, so daß sie eher kühlten als wärmten. An den mächtigen Bärten, welche bei den meisten das Gesicht beschatteten, glitzerten im Halbdunkel lange Eiszapfen. Ich werde den grauenhaften Anblick nie vergessen!

Von dem Fackelschein phantastisch beleuchtet, erschienen mir die Sträflinge fast wie Gnomen, wie menschenscheue Berggeister, die tief unter der Erde ihrem harten Beruf oblagen. Nur das Geklirr der Ketten, das Aechzen und Stöhnen der Arbeitenden, die rauhen Anrufe der Aufseher belehrten mich darüber, daß ich mich in einer sibirischen Strafanstalt befand.

Das Hämmern und Graben dauerte rastlos fort. Wo etwa ein Sträfling Miene machte, sich ein wenig zu erholen, da erscholl auch schon das strenge Commandowort des Inspectors, und die Arbeit nahm wieder ihren Fortgang. Es herrschte eine wahrhaft fieberhafte Thätigkeit.

Der Mangel an Tageslicht ließ die Schrecken der Mine vielleicht noch größer erscheinen, als sie waren. Es machte auf mich einen entsetzlich niederschmetternden Eindruck, daß es den Verbannten nicht einmal vergönnt ist, den Himmel mit seinen licht- und lebenspendenden Gestirnen zu sehen.

Einer von den Sträflingen, eine hohe, schmächtige Gestalt mit sympathischem Wesen, erregte mein besonderes Interesse. Keuchend schwang er die Hacke, doch seine Hiebe waren noch lange nicht gewichtig genug, um das zähe Gestein zu lockern. Ich trat näher.

„Weshalb bist Du hier?" fragte ich ihn.

Er blickte scheu, fast bestürzt auf und arbeitete schweigend weiter.

„Es ist den Gefangenen untersagt, über die Gründe ihrer Verbannung zu sprechen," belehrte mich der Aufseher.

Ich schauderte. Lebendig begraben, ohne sagen zu dürfen, weshalb . . . . !

„Wer ist der Sträfling?" fragte ich meinen Führer leise.

„Nummer 114!" entgegnete er lakonisch.

„Das sehe ich," sagte ich, „doch ich meinte seinen Namen, seine Antecedentien, seine Familie."

„Es ist Graf T***," versetzte er, „ein bekannter Verschwörer. Mehr bedauere ich Ihnen über Nummer 114 nicht mittheilen zu dürfen."

Die feuchte Moderluft benahm mir den Athem. Ich rang nach Luft. Wie Centnerschwere, wie ein böser Alp schnürte die ekelhafte Atmosphäre meine Brust zusammen.

„Führen Sie mich schnell hinaus," raunte ich meinem Führer zu.

Er gehorchte. Hastig schritten wir durch die engen Gänge und Gitter der Oberwelt zu, wo mich der Commandant begrüßte.

„Nun, welchen Eindruck hat unsere Strafanstalt auf Sie gemacht?" fragte er mich.

Um einer directen Antwort überhoben zu sein, machte ich eine steife Verbeugung. Er lächelte und mochte meine Verlegenheit vielleicht für Zustimmung gehalten haben.

„Fleißige Leute da unten!" bemerkte er ironisch.

„Wol," entgegnete ich, „mit welchen Gefühlen müssen diese Unglücklichen aber den Sonntag begrüßen! Wie muß ihnen die Ruhe wohl thun!"

„Ruhe? .... Sträflinge müssen immer arbeiten!"

„Immer?"

„Gewiß! Dafür sind sie ja eben zur Zwangsarbeit verdammt. Wer einmal die Mine betritt, verläßt sie nie wieder!"

„Aber das ist ja barbarisch!"

Er zuckte die Achseln.

„Die Verbannten arbeiten täglich zwölf Stunden auch am Sonntage. Sie dürfen nie rasten! Oder doch ..... was sage ich? .... Zweimal im Jahre ist ihnen Ruhe vergönnt. . . . zu Ostern und am Geburtstage Seiner Majestät des Kaisers."

Wjera schwieg; ihre Augen flammten und ihre bleichen Wangen waren leise geröthet. Sie hatte ohne jede Uebertreibung, wenn auch nicht ohne einen gewissen Grad von Leidenschaftlichkeit und Bitterkeit erzählt, was sie gesehen. Jedes Wort trug den Stempel der Wahrheit an sich. Jetzt, da sie schwieg, betupfte sie mit ihrem Taschentuche ihre feucht gewordenen Augen, als schäme sie sich ihrer Rührung; sie wollte nicht weich sein.

Auch in Valeska's Augen standen die hellen Zähren denn jetzt kannte sie das furchtbare Loos, das ihres Mannes harrte, falls nicht sofort der Tod ihn ereilen würde. Aber war ein schneller Tod nicht eine Wohlthat gegen ein solches Dasein?

„Sie weinen, gnädige Frau," setzte Wjera hinzu „treibt schon die bloße Schilderung solcher Zustände Ihnen die Thränen in die Augen? . . Auch ich war eine Verbannte, wenn ich auch nicht in einer Mine arbeitete; aber die Schmach, die ich erduldete, das Elend, das ich jahrelang ertrug, — waren sie minder herbe? Ist es ein Wunder, wenn ganz Rußland sich aufbäumt gegen solche Barbarei? Ist es nicht natürlich, daß das ganze Volk an den Ketten des Despotismus rüttelt, in welche man dasselbe schmiedet, und ist es nicht ehrenwerth, daß Männer von Geist und Thatkraft sich an die Spitze einer Bewegung stellen, welche solchen Zuständen ein Ende machen soll?"

Valeska erbleichte. Spielte Wjera auf das Haupt der Revolutionspartei an, wußte sie, daß Gurbinski ein Verschwörer war? Wollte sie die junge Frau für die Rolle geneigt machen, die ihr Mann spielte?

„Sie sind Nihilistin?" fragte die Tochter des Stadthauptmannes.

„Ja!" versetzte Wjera kalt und schroff; in diesem Ja, das an das Fauchen einer gereizten Löwin erinnerte, lag der ganze Haß gegen die Regierung und die Gesellschaft, der die Seele dieses Mädchens durchglühte.

„Ich mißbillige entschieden," nahm hier der Professor das Wort, „die Stellungnahme des Fräulein Saffulitsch gegen die staatliche und bürgerliche Ordnung. Namentlich Frauen haben in solchen Sachen nicht mitzusprechen oder gar handelnd einzugreifen. Vieles ist nicht, wie es sein soll, das gebe ich zu; aber mit Gewalt, auf dem Wege der Revolution, mit Drohungen, Dolch und Revolver sind bessere Zustände nicht anzubahnen. Und Sie selbst, Wjera, werden sich, wie ich fürchte, Ihre Lage nur verschlimmern; man kann auch zum zweitenmale nach Sibirien wandern!"

Wjera lachte bitter auf. „Lieber Professor", versetzte sie, „über diesen Punkt werden wir uns nie verständigen. Sie sind Idealist, ich habe keine Ideale mehr. Gewalt gegen Gewalt, Haß und Tod den Tyrannen! Man hat mich zu dem gemacht, was ich bin, — ich kann nicht anders! Gehe ich zu Grunde, meinetwegen; ich habe nichts mehr zu verlieren. Ein freier Nacken beugt sich nicht, — was sagen Sie dazu, gnädige Frau?"

Valeska sagte nichts; sie sah im Geiste nur einen bleichen, gebrochenen Mann, der in den Bleibergwerken hämmerte, dem das Licht des Tages nicht mehr leuchtete, der sich in verzweifelndem Schmerze nach ihr sehnte, — und dieser Unglückliche war — Feodor Gurbinski, ihr Mann!

10.

Es dunkelte. In ihre Pelze gehüllt — denn der Nordost strich scharf durch die Straßen Petersburg's — eilten verschiedene Gestalten, Herren und Damen durch die Kiewstraße und verschwanden in dem Thorweg eines großen Gebäudes. Wenn der Thorweg, den eine Gasflamme nur matt erleuchtete, durchschritten war, bogen die Leute über einen Hofraum und traten in ein düsteres Hintergebäude, an dessen Pforte die Karten abgefordert wurden. Diese Karten lauteten: „Heute den 12. April Familienball, wozu ergebenst einladet. F. G." In der untern rechten Ecke der Karten befand sich ein kleines, kreuzformähnliches Zeichen, auf welches der Portier besonders achtete, denn Personen, die sich im Besitze von Karten ohne dieses geheime Zeichen befanden, wurde der Eintritt nicht gestattet. Man erstieg alsdann, wenn Alles „richtig" befunden worden, eine schmale, dunkle Wendeltreppe und trat, nachdem vorher einem zweiten Portier das Losungswort zugeflüstert worden, in einen geräumigen, schmucklosen Saal, der ebenfalls matt erleuchtet war. Nur an einer Seite des Saales befanden sich Fenster und diese waren sowohl durch hölzerne Blenden wie durch grüne Vorhänge dicht verschlossen; eine kreisrunde Oeffnung im Plafond ließ die warme Luft und den Tabaksqualm abziehen. In der Hinterwand gewahrte das aufmerksame Auge mehrere Tapetenthüren, die in's Freie führten und den Anwesenden einen schnellen Rückzug gestatteten, falls ein solcher einmal nöthig werden sollte. Die Wände waren nackt, ohne jeden Schmuck und Verzierung; im Hintergrunde stand ein mit einem grünen Tuche behangener Tisch und im Saale standen so viel Stühle, als der Raum faßte.

Einem „Familienballe" sah die ganze Einrichtung so unähnlich wie möglich, wol aber ließen die Vorsichtsmaßregeln und das ganze Arrangement auf eine Versammlung schließen, deren Zweck ein solcher sein mochte, daß sie Ursache hatte, im Geheimen zusammenzukommen. Und in der That tagte hier das Nihilisten-Comité („Kruzok") und dieser Kruzok war so mächtig, daß die Ortspolizei nichts gegen denselben auszurichten vermochte. So wahnwitzig die Bestrebungen der Nihilisten auch waren, ihr Anhang wuchs von Tag zu Tag, und es gab thatsächlich keine Stadt im weiten russischen Reiche, die nicht ihren Kruzok, ihr geheimes Revolutionscomité, hatte. In Odessa z. B. bestand ein solches seit Jahr und Tag, dessen Mitglieder der Polizei genau bekannt waren, und doch dauerte es lange Zeit, bis die Gensdarmerie den Chef Kowalski ergreifen und hinrichten lassen konnte, — aber am Tage der Verurtheilung wurden zwölf Soldaten, die als Patrouille fungirten, erschossen, und die drei Individuen, welche den Kowalski denuncirt hatten, erdolcht ...

Der große Saal füllte sich rasch, — eine bunte, aus allen Klassen Petersburgs zusammengewürfelte Gesellschaft, — aber alle einig in dem Hasse gegen das Regierungssystem. Herren aus den ersten Kreisen und Arbeiter mit schwielenbedeckten Händen, Frauen und junge Damen mit fliegendem Haar, Augengläsern und burschikosem Wesen, — alle saßen bunt durcheinander und rauchten ausnahmslos ihre Cigarren und Cigaretten. Studenten und Studentinnen bildeten zwar das Hauptcontingent der Versammlung, aber es waren außer ihnen noch so viele andere Elemente aus allen Gesellschaftskreisen vertreten, daß ein Blick genügte, um zu erkennen, wie sehr die revolutionären Ideen in's Volk gedrungen waren. Mögen die Communisten Frankreichs und die Socialdemokraten in Deutschland auch in ihren Prinzipien und Zielen auf einer Stufe mit den Nihilisten Rußlands stehen, da alle drei Parteien den Umsturz der bestehenden gesellschaftlichen Ordnung anstreben, — darin unterscheiden sich die Nihilisten wesentlich von ihren Gesinnungsgenossen, daß sie Anhänger in den höchsten Kreisen zählen, während die Communisten und Socialdemokraten sich hauptsächlich aus Fabrikarbeitern und Proletariern rekrutiren.

Auch Wjera Saffulitsch befand sich in dem Saale; sie war eine fanatische Anhängerin der Nihilisten und sog mit heißer Gier die Umsturztheorieen der Revolutionäre ein; und diesen war sie hochwillkommen, da die bloße Erscheinung dieses unglücklichen Mädchens den Despotismus besser illustrirte, als die hinreißendsten Worte es vermocht hätten.

Trotz der Anwesenheit vieler Personen — es mochten mehrere hundert sein — herrschte eine fast unheimliche Stille in dem Saale, wie in einer Kirche vor Beginn des Gottesdienstes; man sprach zwar miteinander, aber man flüsterte sich das, was man zu sagen hatte, mit gedämpfter Stimme einander zu. Plötzlich trat völlige Ruhe ein, denn das Revolutionscomité, die Leiter der „geheimen Nationalregierung", nahmen an dem grün behangenen Tische Platz. Es waren fünf Männer, schwarz, elegant gekleidet, und man sah es diesen zehn zarten Händen nicht an, daß sie sich berufen fühlen mochten, den russischen Staatskoloß aus den Angeln zu heben. Der Vorsitzende eröffnete die Versammlung mit einigen geschäftlichen Mittheilungen, die sich auf die Einrichtung einer geheimen Druckerei, die Herausgabe von Zeitungen und Flugblättern, sowie auf die Agitationen im Lande bezogen, und gab dann das Wort einem „Freunde der guten Sache."

Ein schmächtiger Mann betrat die Rednerbühne; eine schwarze Larve bedeckte sein Gesicht und ein dichter schwarzer Bart, der aber ebenso gut angeheftet wie angewachsen sein konnte, Kinn und Wangen. „Er ist's," flüsterte man sich zu, wenigstens schienen die Eingeweihten zu wissen, wer vor ihnen stand. Der Redner sprach schnell, manchmal leidenschaftlich; seine Worte packten die Zuhörer, das verrieth das wiederholte Beifallgemurmel, und während er sprach, glühten durch die Löcher der Maske zwei dunkle Augen wie feuersprühende Diamanten. Mit kurzen markigen Strichen zeichnete er die Geschichte Rußlands, die er eine endlose Kette von Barbarei, Despotismus und Beamtenwillkür nannte, die von Entsetzen starre und mit Blut und Thränen geschrieben sei. Namentlich riß er den gleißnerischen Heiligenschein, den die Geschichte um Peter „den Großen" und seine Nachfolger gewoben, erbarmungslos nieder. „Peter", rief er, „der angebliche Volks„bildner", ermangelte nicht nur selbst aller und jeder Bildung, sondern seine Rohheit manifestirte sich geradezu als Bestialität, der er niemals Einhalt zu thun suchte, was besonders auch der preußische Hof in Berlin erfahren. Beinahe immer schnapsberauscht, von einer Orgie in die andere sich stürzend, veranstaltete der schmeichlerisch Gepriesene wilde Saufgelage und förmliche Narrenfeste, die wochenlang fortgesetzt wurden. Mit Dirnen zog er offen umher und Jeden, der ihm in den Weg kam, fertigte er mit Prügeln ab, ließ ihm Zähne ausreißen und nicht selten den Kopf abschlagen. Für Anordnungen zur wirklichen Bildung des russischen Volkes, wovon so viel gefabelt wird, hatte der Barbar ebenso wenig Sinn wie Verständniß. Es war das Treiben eines bösartigen Halbnarren, der, unglücklicher Weise im Besitze unumschränkter Despotengewalt, Alles that, die Gefühle, namentlich auch die sittlichen und rechtlichen seines Volkes, zu verletzen und zu verhöhnen. Die alten Volksrechte, welche auch die Russen besaßen, vernichtete er vollständig, damit allerdings auch die Wahlkapitulation, unter welcher das Haus Romanow auf den Thron erhoben worden war. Er schaffte namentlich durch einen Gewaltakt die beiden Kammern ab, und bis zur Neuzeit wagte es kein russischer Schriftsteller, von deren früheren Existenz auch nur zu reden.

„Und waren", fuhr der Redner fort, „die nachfolgenden Herrscherinnen und Herrscher besser? Die wollüstige Maitresse Peters, Katharina I., die buhlsüchtige Anna Katharina II., die angebliche Semiramis des Nordens, mit ihren zahllosen, den Staat auf's tiefste schädigenden Liebhabern, der verrückte Paul! Welch ununterbrochene Reihe von Hofintriguen und Palastrevolutionen knüpfen sich an diese Namen! Welches Meer von Unsittlichkeiten, barbarischer Gewaltthaten, Verbrechen jeder Art, Vergendung der Kräfte der Nation und Verschleuderung ihres Vermögens! Selbst an Alexander I., dem relativ gebildetsten und humansten der Söhne Pauls, haftet der Makel an, durch ein Verschwörung gegen seinen Vater auf den Thron gekommen zu sein — durch eine Verschwörung, welche die grausame Ermordung seines Vaters herbeiführte.

„Und die Beispiele in den höchsten Kreisen wirkten Verderben bringend bis in die niedrigsten Schichten des Volkes. Das Beamtenthum, das sich zu einer besonderen Kaste ausbildete, ist gleichsam völlig losgetrennt von der Nation. Voll Dünkel auf ihre Macht bleiben die Beamten dem Volke fremd und sind ihm wegen ihrer häufig genug hervortretenden Feilheit, Bestechlichkeit und

Gewaltthätigkeit tödtlich verhaßt. Beamtenhierarchie und Adel haben sich verschwistert, das Volk auszusaugen und nieder zu treten. Erpressungen und Bedrückungen sind an der Tagesordnung; der Bauer, dem die sogenannte Aufhebung der Leibeigenschaft nichts geholfen, seufzt unter der Last der Steuern und arbeitet nur so viel, um nicht zu verhungern, denn er weiß, daß jede Mehrarbeit, jeder Gewinn in die unersättliche Steuerkasse fließt. Das ganze Land von oben bis unten ist zerfressen von sittlicher Fäulniß und durch und durch morsch; in den Volkskreisen grassirt die Branntweinpest und in den höheren Kreisen die Pest der Unzucht, der Intriguen, der Feilheit. Das einzige Gesetz ist die Willkür — und die einzige Frage, die auf allen Lippen mit verbissenem Ingrimm zittert, heißt: „Wie lange sollen diese Zustände noch dauern?"

Es war nichts Neues, was der Redner seinen Zuhörern vortrug, aber trotzdem fielen seine Worte wie electrische Funken in ein Bündel dürren Stroh's; Allen war die Geschichte des russischen Volkes bekannt; neu war es aber, daß diese Jammerbilder in der Hauptstadt des Reiches in einer Versammlung mit nackten Strichen gezeichnet und gegeißelt wurden, daß das, was man bisher nur zu flüstern gewagt, jetzt offen ausgesprochen und in Tausenden von Flugblättern gedruckt und im Lande verbreitet wurde. Und wie wurde es gesprochen! Der Vortrag des maskirten Redners, dessen Name zwar nicht bekannt war, der aber als die Seele der ganzen gewaltigen Bewegung galt, war von jener dämonisch-hinreißenden Wirkung, welche die Köpfe entflammt und unwillkürlich in die Faust das Dolchmesser drückt. Die Stimme rollte gedämpft durch den Saal, aber zischend bohrte sie sich in jedes Herz, und der Beifall, den die Lippen der Zuhörer nicht äußern durften, sprühte haßglühend aus allen Augen.

„Wie lange sollen diese Zustände dauern?" fuhr der

Redner fort. „Das russische Volk ist eben so wenig ein an sich schlechtes als unfähiges Volk, aber man hat es schlecht und unfähig zu machen getrachtet! Auch in uns lebt, noch von der Nomadenzeit her, nicht ein knechtischer, sondern ein entschieden freiheitlicher Sinn. Seit Jahrhunderten sucht man vergeblich denselben auszurotten; das Volk verstand es zwar nicht, das Auflegen eines furchtbaren Joches abzuwehren, aber nie ließ es sich herbei, dieses Joch als nothwendig oder als gut anzuerkennen; knirschend beugte sich jeder Einzelne, doch nur soweit, als eben die Gewalt reichte; wo irgend möglich, ward wenigstens passiver Widerstand geleistet. Die Beamten, welche irgendwelche Regierungsbefehle zu vollziehen haben, empfinden dies zur Genüge, häufig aber ging der passive in aktiven Widerstand über.

„Und wenn wir, die Nihilisten, entschlossen sind, diesen Widerstand zu organisiren, da wundert sich die Welt über unser Vorgehen, — als wenn unser Wollen und Handeln nicht die natürliche Folge vieler, seit einem Jahrhundert geschaffener naturwidriger Zustände wäre!

„Unsere Aufgabe ist die Zerstörung der gegenwärtigen ökonomischen Organisation und Ungleichheit, denn sie ist die Quelle aller Uebel. Und nur auf dem Wege der Gewalt können wir dieses Ziel erreichen. Dolch und Revolver sind unsere Waffen, und Tod und Verderben schwören wir den Henkern des russischen Volkes!"

Ein fast lautes Gemurmel durchlief bei diesen Worten die Versammlung, und Hunderte von Händen ballten sich zu Fäusten.

„Nieder mit den Tyrannen! Vor Allem falle die Geheimpolizei, das fluch- und hassungswürdigste Institut, das überhaupt denkbar ist. Mesenzow, der Chef der Gensdarmerie, und Rakow, der Stadthauptmann, bei deren Namen jeder Russe erzittert, — sie fallen! Sie, die Gebieter über Leben und Tod, die Tausende in feuchte Kerker, nach Sibirien und in den Tod gehetzt, sie sind

Todeskandidaten! Und mit ihnen fallen ihre Agenten, die Bluthunde in Rostow, Charkow, Tagangrow und Pultawa. Und wenn das Blut dieser Volkshenker unsere Dolche geröthet, dann soll die Regierung vor uns, der geheimen Nationalregierung, erzittern; dann soll sie spüren, daß wir eine Macht sind, mit der gerechnet werden muß! Wir erwarten keine Reformen und glauben an keine Versprechungen; jede Rücksichtnahme wäre Schwäche, — Gewalt ist die Parole, und unser Weg geht nur über die Leichen unserer Peiniger und über die Trümmer des Absolutismus und des Despotismus. Tausende von Flugblättern, Plakaten und Zeitungen werden unsere Ideen und Ziele in's Volk tragen, — und ohnmächtig wird die Regierung trotz aller Mittel uns gegenüber stehen; wir werden die Kerkerpforten erbrechen und die Ketten sprengen, in die man die politischen Gefangenen geschmiedet, und man wird es nicht wagen, die zu verrathen und zu denunciren, welche unsere Henker niedergestoßen, weil man uns, die Nihilisten, die Rächer, die geheime Vehme, fürchtet, und man wird, wenn Einer der unsrigen vor Gericht gestellt wird, es nicht wagen, ihn zu verurtheilen, weil wir, das Volk, das Volksbewußtsein und — ich sage es mit Genugthun — viele Beamte hinter uns haben. Unsere letzte Kundgebung hat gezündet bis in das Cabinet des Czaren. Man fahndet nach dem Urheber der Proclamation, nach mir, und der Polizeimeister Rakow hat Himmel und Hölle in Bewegung gesetzt, „das Haupt der Revolutionäre" zu fassen und mit Beweisstücken dem Czaren überliefern zu können. Der Thor! —"

Ein scharfer, schriller Ton durchgellte plötzlich den Saal; es war das electrische Warnungssignal des draußen stehenden Wächters, und zugleich durchtönte der laute Ruf des Sprachrohrs die Stille: „Rakow naht."

Man sah noch, wie der Redner bei Nennung dieses Namens leicht zusammenzuckte, — im nächsten Augenblicke herrschte völlige Finsterniß in dem Saale; Niemand sprach ein Wort, und in zwei Minuten hatten Alle schweigend, mit der Rechten den Dolchgriff umklammernd, durch die Tapetenthüren den Saal verlassen.

11.

Valeska stand, mit den Handflächen auf die Tischplatte gestützt, vor einer brodelnden Kaffeemaschiene und betrachtete, scheinbar in Gedanken verloren, die Bläschen, welche sich an der Innenfläche der Glaskugel bildeten, und athmete den angenehm würzigen Moccaduft ein, welcher in leichten Dampfwölkchen dem kupfernen Behälter entstieg. Die Spiritusflamme in dem blinkenden Becken leckte mit bläulicher Zunge an dem Kessel, und das Auge der jungen Frau ruhte bald auf dem zügelnden Feuer, bald auf der braunen Substanz, die in der Kugel brodelte. Dann füllte sie zwei kleine türkische Tassen mit dem Getränk, und ein kräftiges Aroma durchduftete das Gemach.

Als Alles geordnet war, erstieg sie eine teppichbelegte Treppe und trat in das Arbeitszimmer ihres Mannes. Gurbinski, der vor seinem Pulte stand und eifrig mit einer Zeichnung beschäftigt war, bemerkte Valeska's Nahen nicht und fuhr fast erschrocken auf, als sie plötzlich ihre Hände auf seine Schultern legte und sagte: „Du arbeitest ja mit einem Eifer, mein lieber Feodor, als müßtest Du Dich auf ein hochwichtiges Staatsexamen vorbereiten. Komm, der Kaffee ist fertig."

Der junge Mann lächelte, trat von dem Pulte zurück und folgte seiner Frau in's Wohnzimmer.

„Was bedeutet die Zeichnung?" fragte Valeska nachdem Beide auf dem Sopha Platz genommen und Feodor sich eine Cigarre angebrannt hatte.

„Sie dient als Erklärung zu einem größeren Werke, welches die ökonomische Lage des russischen Volkes, speziell des Bauernstandes, behandelt und die nothwendigen Reformen anbahnen, wenigstens Mittel und Wege angeben soll, wie die traurige Lage des Volkes aufgebessert werden kann. Ein nicht ganz leichtes Unternehmen," setzte er lächelnd hinzu, „aber ich hoffe, mich durch dasselbe in meiner neuen Stellung als Ministerialrath gut einzuführen."

Liegt Dir das Wohl und Wehe der Bauern sehr am Herzen?" warf Valeska scheinbar absichtslos ein.

„Welchem Menschen, der ein Herz im Leibe hat, sollte das Interesse und Mitleid mit diesen Unglücklichen abgehen? Während die Reichen schwelgen, die Fürsten und Großgrundbesitzer Millionen verprassen und Tausende an Sängerinnen verschwenden, während z. B. der erst sieben Jahre alte zweite Sohn des Thronfolgers einen Hofstaat hat, der allein an Reitknechten, Kammerdienern, Köchen, Pferden ꝛc. jährlich 64,000 Rubel verschlingt, darbt und verelendet das Volk, nicht weil es zu faul ist, sondern weil es sich nach den bestehenden Verhältnissen nicht aus seinem Elende herausarbeiten kann. Ich habe das Land bereist und entsetzliche Zustände gefunden. Denke Dir beispielsweise, liebe Frau, ein Dorf, bestehend aus morschen Lehmhütten; darin wohnen die befreiten Leibeigenen, und in der Nähe steht der Palast eines Fürsten, der früher für die Leute sorgen mußte, weil er ein Interesse daran hatte, sie gesund und kräftig zu erhalten, und dem sie jetzt Zins und die Loskaufsumme in jährlichen Raten zahlen müssen. Jeder Bauer hat eine Hütte mit einem großen Hofplatze davor. Die Idee, diese Plätze guten Bodens in Gemüsegärten zu verwandeln, ist einem russischen Bauer noch nie gekommen, und Niemand, am wenigsten die Regierung, die sich sonst in Alles mischt, macht ihn darauf aufmerksam. Hinter der Hütte wird blos das Bischen Kohl gepflanzt, der fast die einzige Nahrung der armen Leute und selbst der Mittelklassen bildet. Weiber und Männer sind schmutzig, träge und schweigsam, und bedürfen des Wutki (Branntwein), um zu einiger Lebhaftigkeit sich aufzuraffen.

„In den Hütten besteht der Fußboden aus festgestampftem Dünger, die Hausgeräthe sind ein Tisch, ein paar Bänke, ein Herd und in einer Nische eine eiserne Statue der heiligen Jungfrau; von Betten, Kommoden oder Linnenzeug keine Spur. Im Winter schläft man auf der Oberfläche des Herdes, im Sommer rollen Vater, Mutter und Kinder sich wie Raupen zusammen und schlafen in irgend einer Ecke. Zum Schlaf wird der Abend nicht abgewartet, der Bauer legt sich oft nach dem Mittagsessen hin, um den ganzen Nachmittag zu verschlafen. Wutki und Nichtsthun ist ihm das Höchste auf Erden.

„Weshalb soll der Mann auch arbeiten, da Niemand ihn gelehrt hat, daß die Arbeit nutzbringend ist? Als die Bewohner des Dorfes noch Leibeigene waren, wurden sie mit Schlägen zur Arbeit getrieben. Da sie durch Arbeit ihre Lage nicht verbessern konnten, so wurden sie überhaupt aller Arbeit abgeneigt, und ihre Emancipation faßten sie so auf, als ob sie jetzt gar nicht mehr zu arbeiten nöthig hätten. Dieser Ansicht huldigt der Bauer heute noch. Er würde indeß für guten Lohn arbeiten, wenn man ihm solchen böte; er würde bessere Dinge pflanzen, wenn er sicher wäre, daß er sie auch genießen dürfte. So aber ist er schlau genug, um zu merken, daß er seine Lage nicht verbessern dürfe, weil der Vortheil davon einzig den Beamten und den Steuererhebern zu Gute käme.

„Das sogenannte Mir- oder Associations-System verbessert diese Lage nicht, da die Gesellschaft meist mit Schulden beginnen muß, viele Abgaben bezahlt und von ihren Vorstehern unverantwortlich ausgebeutet wird.

„Der Bauer ist unter diesem System nicht besser daran als früher. Er kann nach Belieben heirathen und darf — wenigstens steht's so geschrieben — nicht mehr geprügelt werden, allein er hat Nichts, das er sein eigen nennen kann, und er wird fortwährend mit Geldstrafen belegt. Arbeitet er wenig, so wird er von seinen Kameraden gescholten; arbeitet er viel, so nützt ihm das nichts. Da die Mitglieder des Mir zusammen dem Steuereinnehmer haften, so will Keiner reicher scheinen, als die Uebrigen, damit das, was er mehr besitzt, nicht zur Deckung der gemeinsamen Schulden verwendet wird. Darum denkt Niemand daran, seine Lage zu verbessern, und das Wenige, was zu ersparen ist, wird sofort auf die sicherste Weise, das ist in Wutki, angelegt. An Wutki ist niemals Mangel. Früher war der Spirituosenverkauf ein Monopol von Pächtern, die aber durch Stellung ungeheuerer Preise Mißbrauch damit trieben. Nun traten die Bauern zu Mäßigkeitsvereinen zusammen, um auf diese Weise die Preise herabzudrücken; da hierdurch jedoch die Einnahmen der Regierung geschmälert wurden, so wurden die Mäßigkeitsvereine als staatsgefährlich aufgelöst. Man schickte die Polizei und Soldaten in die Mäßigkeits-Distrikte und ließ die Temperenzler so lange prügeln, bis sie tranken; den Standhaften wurde der Spiritus durch Trichter in den Mund gegossen, ehe sie als „Rebellen" in's Gefängniß geführt wurden....

„Und der Fürst," fuhr Gurbinski fort, nachdem Valeska ihm die Tasse zum zweitenmale gefüllt, „was soll er thun? Er hat Tausende von Aeckern unbebaut liegen, aber es sind weder passirbare Wege, noch Kanäle oder Eisenbahnen in der Nähe, und wenn er und einige

andere Edelleute sich zusammenthun würden zu einem
Versuche, Straßen oder Eisenbahnen anzulegen, so würden
die zur Bestechung des Bureau-Personals, damit sie nur
die Erlaubniß dazu bekommen, nothwendigen Summen
das ganze Kapital verschlingen, das sie aufbringen könnten.
Das südliche Rußland namentlich ist ungemein fruchtbar
und könnte zum Kornspeicher für ganz Europa gemacht
werden. Aber man sieht ganze Aecker des schönsten
Weizens verderben, weil nicht geerntet wird, große Heerden
von Rindvieh wandern ohne Aufsicht umher und sind
mit Krankheiten behaftet, weil Niemand sich um sie
bekümmert. Legt einmal ein strebsamer Bojare eine
üppige Tabakpflanzung an, so muß er sie bald ihrem
Schicksale überlassen, weil, abgesehen von den Kosten
des Erntens, des Transports oder der Errichtung einer
Tabaksfabrik, die Abgaben und die Kosten der Bestechung,
um die Erlaubniß zu all diesen Dingen zu erhalten,
ihm auch nicht den kleinsten Nutzen übrig lassen würden.

„So sind die Zustände fast allenthalben in unserm
unglücklichen Lande, und hier Besserungen anzubahnen
und praktische Vorschläge zu durchgreifenden Reformen
zu machen, das ist der Zweck meiner Schrift, die ohne
Zweifel Aufsehen machen wird."

Mit dem größten Interesse war Valeska den Mit=
theilungen ihres Mannes gefolgt. Waren dies die
„staatsgefährlichen" Pläne, mit denen er sich herum=
trug? Konnte das Haupt einer Revolutionspartei, der mit
Gewalt, mit Dolch und Revolver, an den Grundvesten
des Staates rütteln sollte, so sprechen? Er wollte
praktische Vorschläge machen in einem Werke, das der
Censur unterlag, also auf friedlichem Wege die Auf=
besserung der Lage des bedrückten Volkes anstreben. Das
war weit entfernt von einer Verschwörung, von dem
Treiben der Nihilisten. Sollte ihr Vater am Ende falsch
berichtet sein und sich irren? . . .

Es schwindelte ihr bei dem Gedanken, und doch leuchtete er als matter Hoffnungsstrahl in das Dunkel ihrer Angst und Besorgniß. Heute lief die Frist ab, die ihr zur Beschaffung der Beweise gestellt worden, und je näher der gefürchtete Termin an sie herangetreten war, um so mehr war ihre Erregung gestiegen und das ganze Nervensystem in krankhafte Aufregung versetzt worden. Sie konnte und wollte Gurbinski nicht den wahren Sachverhalt enthüllen; Flucht war ebenfalls unmöglich, und so hatte sie beschlossen, ihrem Vater in solcher Weise entgegen zu treten, daß er von den angedrohten Maßregeln Abstand zu nehmen gezwungen sei. Ob ihr Plan gelingen werde, wagte sie selbst freilich nicht zu behaupten, aber der Versuch sollte wenigstens gemacht werden, ehe es zum Aeußersten kam.

„Fürchtest Du nicht, Feodor," fragte sie nach einer Pause, „daß man Deine Ideen und Ziele als staatsgefährlich deuten und die Aufbesserung des Looses der Bauern als revolutionäre Grundsätze hinstellen könnte?"

„Wie kommst Du denn zu dieser sonderbaren Vermuthung, Valeska? Mein Werk unterbreite ich der Regierung und mit ihrer Genehmigung wird es erscheinen."

„Wäre es nicht möglich, diese Deine Arbeit für eine Maske zu erklären, hinter welcher sich ganz andere Zwecke und Ziele verbergen?"

Gurbinski schaute befremdet auf. „Du siehst ja recht schwarz, liebe Frau; hältst Du mich etwa für einen Revolutionär, einen Staatsverbrecher?"

Wieder diese Sorglosigkeit! Was sollte Valeska entgegnen? Um ihre Verwirrung und Unruhe zu verbergen, erhob sie sich und drückte scharf auf den Knopf einer silbernen Schelle. Das Mädchen trug das Kaffeegeschirr ab. Auch Gurbinski erhob sich und verließ das Zimmer und bald darauf das Haus. Er wollte, wie er sagte, im Ministerium sich nach den Arbeiten erkundigen, deren Erledigung ihm bei seinem demnächstigen Wiedereintritt obliegen würde. —

Kurz darauf hielt ein Wagen vor dem Hause und in der nächsten Minute stand der Stadthauptmann vor seiner Tochter.

„Was hast Du ermittelt, Valeska?" fragte der Vater, die Thür hinter sich abriegelnd und ohne Umschweife auf sein Ziel losgehend. Sich nach ihrem Befinden zu erkundigen, lag außerhalb des Kreises seiner Gefühle und seiner Interessen — und der „Schein"ehe.

„Nichts!" hauchte Valeska, die leichenblaß vor ihm stand und sich mit beiden Händen an die Stuhllehne klammerte.

„Nichts? . . . Auch Rakow erbleichte und trat einen Schritt zurück. „Wäre die ganze Comödie zwecklos gewesen?" Seine Stimme nahm einen dumpfen, grollenden Ton an. „Morgen fordert der Kaiser die Beweise von mir und die Person des Empörers."

Die junge Fau zuckte die Achseln. „Ich habe absolut Nichts entdeckt, Vater, das Deine furchtbare Vermuthung bewahrheitet und bestätigt hätte. Ich ließ es nicht an Anspielungen fehlen, allein Gurbinski nahm sie entweder lächelnd oder mit Befremden auf."

In dem aschgrauen Gesichte des Polizeimeisters malte sich deutlich genug die Enttäuschung und der Aerger ab, den ihm diese unerwartete Erklärung bereitete. Mit Mühe nur wahrte er seine Fassung. Seine grauen Augen schienen Valeska durchbohren zu wollen, aber sie hielt den Blick ruhig aus und entgegnete: „Ich glaube, Du hast Dich geirrt, Vater."

„Ich will nicht hoffen, daß Du mich täuschest; ich will nicht hoffen," — er vollendete den Satz nicht, aber der eigenthümliche Blick, mit dem er jetzt Valeska betrachtete, sagte Alles.

„Dein Verdacht ist unbegründet, Vater. Von einer Täuschung meinerseits kann keine Rede sein. Gurbinski ist kein Revolutionär!"

Der General lachte bitter auf und zerknitterte in immer mehr ausbrechender Wuth den Rand seiner Dienstmütze, die er noch immer in der Rechten hielt. „Kein Revolutionär!" rief er hart, „derselbe Mensch, der vorgestern im Nihilistenclub in der Kiewstraße den Sturz der Dynastie Romanow, meine und Menzenzow's Ermordung forderte und prophezeite! Der offen die Empörung predigte! Wo ist das geheime Versteck, wo sind die Briefe und Schriftstücke? Heraus damit!"

„Wenn Du meinen Versicherungen keinen Glauben schenkst, kann ich Dir nicht helfen."

„Sollte vielleicht meine Tochter mit dem Rebellen gemeinsame Sache machen?" donnerte Rakow in auflodernden Zorne. Mit der mühsam gewahrten Fassung war es vorbei. „Hüte Dich, Valeska, — auch Du bist vor Sibirien nicht sicher, wenn Du mich auf's Aeußerste treibst!"

Diese Drohung brachte die entgegengesetzte der beabsichtigten Wirkung hervor. Stolz richtete die Tochter sich auf und trat, flammenden Auges, dicht an ihren Vater heran. „Dein Sibirien schreckt mich nicht! Aber ich wiederhole Dir: Gurbinski ist nicht der Mann, den Du suchest. Er ist so wenig das Haupt der Revolutionspartei, wie Du selber. Wer hat ihn Dir als solches denuncirt?"

„Kein geringerer, als mein erster Rath Kowalscheck!"

„Ah, — dieser Elende! Er haßt mich!"

„Nein, er liebt Dich und haßt nur den Rebellen, den er als solchen ermittelte und bezeichnete, noch bevor die Ehe-Comödie in Scene gesetzt worden war."

„Und ich sage Dir: er lügt!"

„So frage doch Deinen Tugendhelden, ob er nicht vorgestern Abend in dem hiesigen Kruzof meine Ermordung als nothwendig hingestellt hat!"

„Gurbinski hat am vorgestrigen Abend dieses Haus nicht verlassen."

„Lügnerin!" donnerte der General, seine Mütze zur Erde schleudernd, „Verrätherin!"

„Ich lüge nicht, — gewiß nicht in diesem furchtbarernsten Augenblicke! Man hat Dich schmählich getäuscht, hintergangen, —"

„Und Du, Schlange, hast gemeinsame Sache mit dem Buben gemacht, der es wagt, die gesellschaftliche Ordnung stürzen und der Regierung den Fehdehandschuh hinwerfen zu wollen. Wenn Du mir nicht sofort die geheimen Papiere auslieferst und die Namen der Personen nennst, mit denen der Rebelle verkehrt hat, so werde ich Dich ebenfalls in's Gefängniß werfen lassen!"

„Wage es, Vater! Noch spreche ich das Wort „Vater" aus, auf das Dir Deine Handlungsweise kaum noch ein Anrecht gibt; aber einen Schritt weiter — und ich vergesse, daß ich einen Vater habe!"

Mit bebenden Lippen und geballten Händen, zitternd am ganzen Körper, stand Valeska vor dem General, der seiner kaum noch mächtig war. „Du willst mir drohen?" rief er. „Zum letzten Male frage ich Dich: wirst Du gehorchen oder nicht?"

„Und zum letzten Male erkläre ich Dir, daß ich die Wahrheit gesprochen und Nichts zu verrathen habe!"

„Gut!" — es arbeitete und kochte so gewaltig in Ratow's Brust, daß er kaum sprechen und die Silben nur einzeln hervorstoßen konnte, — „gut! In den Kerkermauern wirst Du Zeit finden, Deinen Trotz und Eigensinn zu bereuen!"

„Excellenz, glauben Sie, weil ganz Petersburg vor Ihnen zittert, auch ich zittre vor Ihnen? Furcht und Liebe haben in dem Augenblick aufgehört, seit ich erfahren, daß meine arme, mir fälschlich todtgesagte Mutter noch lebt, — in der Verbannung lebt, verstoßen von Dem, der jetzt auch die Tochter niedertreten will!"

Was war das? Wie ein gereizter Löwe war der General auf Valeska losgestürzt; die ganze Rohheit seiner Natur war entfesselt zum Ausbruch gekommen und ein schwerer Schlag hatte das Antlitz der jungen Frau getroffen, daß sie mit einem gellenden Aufschrei zu Boden stürzte...

Als sie sich erhob, fand sie sich allein; ihr Vater hatte das Gemach verlassen und die Thür rasselnd hinter sich in's Schloß geworfen. Valeska's Gesicht war so weiß wie der Marmor des Kamins, auf den sie sich mit beiden Händen stützte, um nicht abermals hinzusinken. Ein convulsivisches Zittern schüttelte ihren Körper. Was war geschehen?... Richtig, ihr Vater hatte sie geschlagen, ihr Plan war gescheitert, Alles war verloren! Schmerz und Wuth kämpften in ihrer Brust. Erschöpft sank sie in einen Sessel und stützte die kalte Stirn in die Handfläche, aber Thränen hatte das brennende Auge nicht.

Da ging die Thür auf, — Gurbinski trat ein, ein Lächeln auf den Lippen. Valeska flog ihm entgegen, — die Angst verlieh ihr neue Kräfte — und klammerte sich an seinen Hals.

„Fliehe, Feodor, fliehe!" keuchte sie.

„Was gibt's, liebe Frau? Du bist so bleich, so erregt! Was ist geschehen?"

Er löste sanft die Hände, die ihn so fest umschlungen hielten, als wollten sie den geliebten Mann beschützen und nicht mehr loslassen.

„Fliehe, Theurer, Du bist verloren, Alles ist verrathen!"

„Was ist verrathen, — ich verstehe Dich nicht!"

„Mein Vater weiß, daß Du das Haupt der Nihilisten, die Seele der Verschwörer bist, — rette Dich!"

Gurbinski trat einen Schritt zurück und starrte seine Frau so entsetzt an, als wäre ein Blitz vor ihm niedergefahren. „Redest Du irre, liebe Valeska?" fragte er sanft und besorgt.

„Nein, ich habe noch meinen vollen Verstand, Feodor. Begreifst Du die Gefahr, die Dir droht?"

„Aber die Annahme ist falsch! Ich habe mit den Nihilisten absolut nichts zu thun und verdamme ihr tolles Treiben. Das muß auf einem Mißverständniß beruhen."

„Du bist nicht das Haupt der Revolutionspartei?"

„Beim allmächtigen Gotte nein! Ich schwöre es Dir, Valeska."

„Gottlob!.. Aber das ändert nichts an der Sache. Man hält Dich dafür; Du bist von dem Geheimrath Kowalscheck meinem Vater als Chef der Verschwörer denuncirt worden. —"

„Und Dein Vater glaubte die Lüge?"

„Ja; er war eben hier und schlug mich nieder, als ich für Dich Partei nahm. Begreifst Du nun die ganze Größe der Gefahr, die Dir droht?.. O, ich bitte und beschwöre Dich, geliebter Mann, fliehe; es ist keine Sekunde zu verlieren. Deine Freiheit, dein Leben steht auf dem Spiel. Ziehe Frauenkleider an, denn ich zweifle nicht, daß die Geheimpolizei auf Dich fahndet, und verlasse Petersburg noch in dieser Stunde. Eile nach Interlaken in der Schweiz, zu meiner Mutter, ich werde Dir folgen."

Valeska hatte hastig, aufgeregt gesprochen; jedes Wort, Ton und Geberden verriethen die namenlose Angst, die sie folterte. Von Neuem hing sie sich an ihres Mannes Hals und brach in ein krampfhaftes Weinen aus.

Gurbinski, dem die plötzliche, unerwartete Enthüllung das Blut stocken machte, schüttelte den Kopf. „Ich darf und kann nicht fliehen," sagte er, „ich muß dem furchtbaren Verdachte die Stirn bieten und den Irrthum aufklären. Meine Flucht würde die Anklage bestätigen und ohne Zweifel wird Dein Vater seinem Schwiegersohne Glauben schenken."

Mit wahrer Todesangst hingen Valeska's Augen an den Lippen Feodor's. „Du kennst meinen Vater nicht," rief sie in heller Verzweiflung; „nochmals beschwöre ich Dich: kleide Dich um und fliehe!"

Es war zu spät. Ein Wagen hielt draußen; schwere Männertritte, Säbelgerassel und Sporengeklirr wurden laut.

„Ist Herr Gurbinski zu Hause?" fragte eine tiefe Stimme, und im nächsten Augenblicke trat ein Officier der Gensdarmerie, begleitet von drei Polizisten in das Gemach.

„Sie suchen mich?" fragte Feodor, dem Officier entgegentretend.

„Ich habe den Befehl von Sr. Excellenz, Sie zu verhaften."

„Wessen beschuldigt man mich?"

„Das ist nicht meine Sache; ich habe nur den Befehl zu vollziehen."

„Ich höre so eben, daß man in mir den Chef der Revolutionspartei vermuthet. Diese Annahme beruht auf einem großen Irrthum; ich habe mit den Nihilisten keine Fühlung. Sagen Sie Sr. Excellenz, ich würde mich sogleich bei ihr einfinden und das Mißverständniß aufklären."

„Bedauere; ich habe gemessenen und strengen Befehl. Liegt ein Irrthum vor, so wird derselbe bald gehoben sein. Ich muß Sie ersuchen, mir sofort zu folgen."

„Dann gestatten Sie mir zur Ordnung der nothwendigsten Angelegenheiten eine kurze Frist."

„Auch hierin kann ich nicht willigen, da unmittelbar nach Ihrer Abführung eine Haussuchung stattfinden wird."

„So, — auch das noch! Kowalscheck hat die Karten schlau gemischt. Gut, ich folge Ihnen; führen Sie mich zum General."

„Ich habe den Auftrag, Sie in's Gefängniß zu führen."

Valeska, die bisher der schnell geführten Unterredung mit fliegendem Athem und stierem Blick gefolgt war, trat jetzt vor ihren Mann und sagte, die Rechte gebieterisch ausstreckend: „Mein Herr, Sie werden Gurbinski nicht verhaften! Ich bin die Tochter Sr. Excellenz und bürge für meinen Mann."

„Gnädige Frau, verlängern Sie nicht die peinliche Scene und erschweren Sie mir nicht meine traurige Mission."

„Dann begleite ich Dich, Feodor!"

„Das darf ich nicht gestatten," versetzte der Offizier und gab den Gensdarmen einen Wink. „Kommen Sie, Herr Gurbinski!"

Dieser preßte noch einen heißen Kuß auf die zuckenden Lippen seiner Frau und verließ dann rasch das Zimmer. Valeska sank halb ohnmächtig in die Arme ihrer Zofe Daria. . . .

12.

Der Schnellzug von Petersburg nach Eydtkuhnen resp. Berlin stand zur Abfahrt bereit. In einem Coupée erster Classe saß eine schwarz verschleierte Dame und neben ihr ein ältlicher Herr — Frau Gurbinski und Professor Iwanow.

Ein Rubel, den der Professor in die Hand des Schaffners gedrückt, bürgte dafür, daß sie die Fahrt unbelästigt von weiteren Passagieren zurücklegen konnten, obschon die meisten Wagen schon überfüllt waren. In keinem Lande ist die Trinkgeldtheorie von solcher Wirkung wie in Rußland, und nirgendwo wird die Beamtenbestechlichkeit so offen und mit solchem Erfolg betrieben, wie eben dort. Das Geld weiß der Hofrath und Minister ebenso zu würdigen, wie der Portier und Subalternbeamte.

Es war Abend, unzählige Gasflammen erhellten die weite, glasgedeckte Halle des Centralbahnhofs und Hunderte von Menschen eilten suchend, rufend, fragend und befehlend auf und ab. Die Erde dröhnte unter den zitternden Rädern der großen Locomotive, deren Lampen die Dunkelheit, die auf den Schienen lag, wie glühende Augen durchbohrten. Die Stationsglocke läutete, — ein Pfiff, und der Schnellzug wand sich wie eine gewaltige Schlange durch das Schienengewirr, erst langsam, dann immer schneller, bis er, sobald die Stadt verlassen war, in schwindelndem Galoppe dahinraste, schnaubend und rasselnd wie ein entfesseltes Ungethüm.

Iwanow hatte die blauen Gardinen an den Fenstern vorgezogen und den mächtigen Zobelpelz, der ihm zu heiß geworden, abgelegt. Auch Valeska schlug jetzt den Schleier zurück und lüftete den pelzgefütterten Mantel, da die vortreffliche Luftheizung Wärme genug bot. Das volle Licht der Decklampe in der Krystallkugel fiel auf ihr bleiches Antlitz, und mit Theilnahme und Mitleid betrachtete der alte Professor seine Schutzbefohlene. Und in der That, wer vor einigen Wochen die Tochter des Stadthauptmannes von Petersburg gesehen, als sie zornglühend von dem Balle im Palais Zaranzow nach Hause zurückkehrte und in stolzem Selbstbewußtsein zu sich sprach: „ich bin schön!", als sie prangend in üppigster Jugendfrische ihr Boudoir durchschritt — und wer sie jetzt plötzlich wiedergesehen hätte, der würde sich fast entsetzt haben vor der Veränderung, welche diese kurze Spanne Zeit in der Erscheinung der jungen Dame bewirkt hatte. Der Teint hatte seine rosige Frische verloren, das Incarnat der Wangen war einer wächsernen

Bläſſe gewichen und die blaugeäderten Augenhöhlen ließen auf die Thränen ſchließen, welche die Angſt der letzten Wochen und die tiefen Leiden der letzten Tage ihnen ausgepreßt. Die heftigen Auftritte mit ihrem Vater, die ſtumme Qual um das Schickſal des geliebten Mannes und ganz beſonders das Weh ſeit der Verhaftung Gurbinski's hatten erſchütternd auf den Seelenzuſtand Valeska's gewirkt, ihr ganzes Nervenſyſtem zerrüttet und ſich auch ihrem Antlitze aufgeprägt. Der fieberhaften Aufregung, dem laut kundgegebenen Zorne und dem wilden Schmerze war jetzt eine Ruhe gefolgt, die zu ſehr mit dem vorigen Zuſtande contraſtirte, als daß ſie hätte natürlich ſein können; Jwanow nannte dieſe Ruhe unheimlich und befürchtete den Ausbruch eines Nervenfiebers oder noch Schlimmeres; aber Valeska brach unter der Wucht der Schläge nicht zuſammen; ein Gedanke, ein Ziel hielt ſie aufrecht: die Befreiung ihres Mannes, und die Verfolgung dieſes Zieles ſtählte ihre Kräfte! Den früheren Glanz hatten ihre großen Augen verloren, aber nicht das Feuer einer wilden, willensſtarken Energie; ſie wollte einen Kampf durchkämpfen, der Muth und Entſchloſſenheit erheiſchte und in welchem Thränen und weibiſche Schwäche keine Rolle ſpielen durften; ſie wollte den Kampf gegen mächtige Elemente, gegen Gewalt und Rohheit, gegen die Geheimpolizei — und ihren Vater aufnehmen. Nicht blos die Heirath, auch die Schickſalsſchläge hatten ſie ſchnell zum Weibe gereift, zu einem Weibe, das von der entſchloſſenen, rückſichtsloſen Natur ſeines Vaters auch etwas in den Adern hatte. „Wäre ich ein Mann!" hatte ſie hundertmal händeballend geſagt, — „aber vielleicht iſt's beſſer ſo," ſetzte ſie hinzu.

Der Courier jagte dahin durch die Nacht. Müde und erſchöpft ſtreckte Valeska ſich auf den Polſtern aus und lehnte das lockenumwallte Haupt wider das Seitenkiſſen des Wagens; aber die Augen ſchloſſen ſich nicht; der Geiſt war zu ſehr beſchäftigt, als daß er dem Körper

Ruhe gegönnt hätte, er brütete Pläne aus, die das Gelingen des Werkes fördern sollten.

Das peinliche Schweigen schien dem Professor nicht zu behagen; er scheute sich zwar, die frischen Herzenswunden der jungen Frau durch Fragen stets von Neuem aufzureißen, aber er hielt es für besser, sie durch ein Gespräch zu beschäftigen und zu zerstreuen, als sie dem stillen Hinbrüten zu überlassen.

„Können Sie nicht einschlafen, gnädige Frau?" fragte er plötzlich, da Valeska sich unruhig hin und her warf.

„Nein, bester Professor," versetzte sie, sich aufrichtend; „aber lassen Sie ein für alle Mal die „gnädige Frau"; für Sie will ich Valeska bleiben, sonst höre ich diesen Namen fast von keiner Lippe mehr."

Sie warf den Kopf zurück, daß die Locken über die Schultern weg in den Nacken flogen, und treuherzig streckte sie dem Professor die Rechte entgegen, als wollte sie sagen: Du bist mein treuer, mein einziger Freund; Du meinst es gut, verlasse mich nicht.

Iwanow nickte stumm und drückte die dargebotene Hand.

„Ich begleite Sie mit Freuden zu Ihrer Mutter," sagte er nach einer Weile, „ich habe keinen Augenblick gezögert, Ihrer Einladung zu folgen, aber haben Sie auch, Valeska, den Schritt wohl überlegt? Welche Folgen versprechen Sie sich von demselben?"

„Es blieb mir keine Wahl; ich habe alle Mittel und Wege erschöpft, meinen Mann zu befreien; nichts habe ich unversucht gelassen, aber meine Bitten waren ebenso vergeblich, wie meine Betheuerungen, daß Gurbinski nicht der vermeintliche Empörer sei. Da entschloß ich mich, meine ungekannte Mutter, die man mir entrissen hat, aufzusuchen. Einestheils ist es natürlich, daß ein Kind sich in Noth und Leid an das Herz der Mutter flüchtet, anderntheils sagt mir ein instinktives Gefühl, daß sie vielleicht im Stande ist, mir zu helfen."

„Fürchten Sie nicht, daß in der Zeit Ihrer Abwesenheit von Petersburg Ihrem Manne der Prozeß gemacht wird?"

„Ich glaube, dem Schlimmsten vorgebeugt zu haben. Ich habe eine Schrift an den Kaiser gerichtet, in welcher ich die ganze Sachlage auseinandergesetzt; ich habe Sr. Majestät versprochen, den Nachweis zu liefern, daß Gurbinski nicht Der ist, den mein Vater in ihm vermuthet, und gebeten, einstweilen jede Strafe, sei es Verbannung oder Tod, zu sistiren. Der Justizminister, den ich persönlich kenne, hat die Schrift dem Kaiser überreicht und mir versprochen, seinen ganzen Einfluß zu Gunsten des Gefangenen geltend zu machen."

„Wir wollen das Beste hoffen, theure Valeska, aber doch nicht allzuviel. Gurbinski's Lage ist eine verzweifelte. Legte die Allgewalt der Polizei in Rußland nicht die Justiz lahm, so stände es überhaupt besser, und Sie hätten im Justizminister den besten Fürsprecher; leider reicht seine Macht aber nicht so weit wie die Ihres Vaters. Aergerlich über seine fehlgeschlagene Hoffnung wird der Stadthauptmann schon deßhalb Gurbinski's Beseitigung betreiben, um der vollzogenen Ehe keine weiteren Folgen einräumen zu müssen."

„Nehmen Sie mir nicht die letzte Hoffnung, Professor, — ich will diese nicht fahren lassen."

„Ich wollte Sie nur vor neuen Täuschungen bewahren."

„Ich bin noch nicht so sehr Pessimist wie Sie; ich will das Schicksal zwingen! ... Erzählen Sie mir lieber von meiner armen Mutter, von der verbannten, mir fälschlich todt gesagten Frau des Mannes, den ich Vater nennen muß, — denn jetzt, da ich ohne Ihr Zuthun das Geheimniß erfahren, und nachdem Sie sich offen auf meine Seite gestellt haben, dürfen Sie wol reden!"

„Ich durfte dies stets, Valeska, denn ich habe mir nie in Dem, was ich für Recht erkannt, Schranken setzen lassen; wenn ich aber geschwiegen, so geschah es deßhalb, weil ich Sie nicht in fruchtloser und unnöthiger Weise beunruhigen wollte. Was hätte Ihnen das Preisgeben des traurigen Geheimnisses genützt? Jetzt freilich liegen die Sachen anders."

Und der Professor erzählte von Valeska's Mutter, die er als stolze und schöne Frau gekannt, deren „Fehler" es aber gewesen sei, einen eigenen Willen zu haben und sich nicht schweigend und duldend den Anordnungen und Befehlen ihres Mannes zu fügen.

„Es müssen heftige Auftritte der Scheidung vorausgegangen sein," schloß Iwanow seinen Bericht; ganz Petersburg sprach davon, und ein dunkles Gerücht sagte sogar, daß der Stadthauptmann zur Peitsche gegriffen .... Von ihrem großen Vermögen, das sie Ihrem Vater zugebracht, rettete Ihre Mutter Nichts, — der Einfluß Ihres Vaters war zu mächtig und er wußte seinen Willen bei den Gerichten durchzusetzen."

Mit Theilnahme und Schmerz war Valeska der Erzählung gefolgt; sie verlangte sehnlichst, ihre Mutter kennen zu lernen und binnen wenigen Tagen Die persönlich begrüßen zu können, die sie bisher als eine Todte betrauert; auch freute es sie, in ihrer Mutter einer energischen, willensstarken Frau zu begegnen. Das Band, das sie zu ihr hinzog, war ein doppeltes: das Band des Blutes und des gemeinsamen Schicksals, beide, Mutter und Tochter, waren die Opfer desselben Mannes, des gefühl= und rücksichtslosen Stadthauptmannes! ...

In Berlin am Bahnhofe kaufte der Professor eine Zeitung; sein erster Blick fiel auf eine Stelle unter „Rußland," die also lautete: „Petersburg. Wie der Golos berichtet, ist es der Thätigkeit des Chefs der

Geheimpolizei, General Rakow, endlich gelungen, das bisher unsichtbare und unfaßbare Haupt der Revolutionspartei zu ergreifen und in's Gefängniß abzuführen. Man erzählt sich einen ganzen Roman, den der umsichtige Polizeimeister in Scene gesetzt, um den verwegenen Häuptling zu fassen. Derselbe war als Hilfsarbeiter im Handelsministerium beschäftigt und heißt Feodor Gurbinski. Die Papiere, welche über die weite Verzweigung der Verschwörer, ihre Pläne und Ziele vollsten Aufschluß geben, sind in Händen der Polizei. Der Kaiser kann nun, unbekümmert um die geheimen Agitationen der Nihilisten, nach dem Kriegsschauplatze abreisen."

Der Professor steckte das Blatt schweigend in die Tasche seines Rockes, um die officiöse Notiz, die offenbar aus der Kanzlei der Geheimpolizei in Petersburg selbst herrührte, den Augen der jungen Frau zu entziehen. —

Ohne Unfall und fast ohne Rast wurde die weitere Reise über Frankfurt, Basel und Bern zurückgelegt und nach einigen Tagen war Interlaken erreicht.

Interlaken, „das Herz der Schweiz," liegt in der Niederung, „Bödeli" genannt, zwischen dem Thuner und Brienser See in einer der schönsten Alpenlandschaften. Hier wechseln im Sommer saftige Triften und schattenreiche Wälder mit kahlen Berggraten; Anmuth und Liebreiz der Natur ist gepaart mit der Majestät und Großartigkeit himmelanstrebender Felsen, und die Region des ewigen Schnee's grüßt in ungetrübter Reinheit die Blumenflora im Thale. Wohin das entzückte Auge blickt, begegnet es neuen Schönheiten, neuen Reizen.

Es war ein herrlicher Frühlingsmorgen; die Sonne strahlte in vollem Glanze vom wolkenleeren Himmel auf die glitzernden Schneehäupter der Jungfrau und des

Silberhorn's und sie tanzte auf den smaragdgrünen Wellen der Flüßchen Aare und Lütschine.

Valeska trat, von einem grauen Seidenkleide umflossen, auf den Balcon des Jungfrau=Hotels, und so lebhaft ihr Geist auch mit anderen Dingen beschäftigt war und so fern ihrer Reise auch der Zweck lag, die Naturschönheiten der Schweiz zu bewundern, so fühlte sie sich doch mächtig ergriffen und angezogen von dem wundervollen Panorama, das sich vor ihr ausbreitete und das ihr trunkener Blick umspannte. Noch hatte freilich die „Saison" nicht begonnen, noch fehlte der Fremdenverkehr, der in den Sommermonaten hier fluthet, noch waren die meisten der palastartigen Hotels, die eleganten Magazine und Kaufläden geschlossen und die schönen Gartenanlagen entbehrten des Blumenschmuckes, aber die Natur, in höheren Regionen zum Theil noch in's Winterkleid gehüllt, war eben so majestätisch, vielleicht noch majestätischer wie im Sommer. Dräuend ragten die gewaltigen Bergriesen mit ihren Eisturbanen und ihren Schneemänteln in die Lüfte, und von der Felsenstirn der schneeigen Platte tropften die langen Eisbärte in flüssigen, silberglänzenden Cascaden in die klaffenden Thäler nieder. Und die Doppelallee stattlicher Nußbäume, die sich über den „Höheweg" an den Hotels entlang zieht, schmückte sich mit dem ersten saftigen Grün; noch blattlos war die lange Baumreihe, aber aus allen Zweigen drangen die glänzenden, quillenden Knospen, und ein duftiger Schleier, von den Sonnenstrahlen durchglitzert, umwob die Kronen.

Valeska stand, beide Handflächen auf die Balkoneinfassung stützend, sinnend und in Gedanken verloren. „Wie still und friedlich ist's hier," seufzte sie, „wie herrlich ist die schöne Gotteswelt, — und welch' eine Hölle schafft der Mensch mit seinen Leidenschaften aus diesem Paradiese!"

9*

Ihre Brust wogte in schnellen Athemzügen hastig auf und ab; nur noch wenige Minuten und Valeska sollte in die Arme, an das Herz ihrer ungekannten Mutter eilen! Der Professor hatte das Hotel verlassen, um die Wohnung der Verbannten zu erkunden. Das Polizeiamt war nicht weit entfernt, in einer Viertelstunde konnte er zurück sein. Und richtig, da wurde schon seine Gestalt zwischen den Nußbäumen sichtbar; sein elastischer Gang, die heitere Miene, zeigten der jungen Frau an, daß er gute Botschaft bringe. Valeska flog ihm entgegen. „Sie haben die Adresse?" fragte sie, den Arm des Professors mit beiden Händen umklammernd.

„Ja," sagte dieser, in das Zimmer Valeska's tretend. „Ihre Mutter bewohnt das zweite Haus zur Rechten des Weges, der vom Höheweg rechts abbiegt und nach dem Dorfe G'steig führt. Also keine fünf Minuten von hier. Ich werde sie sofort aufsuchen, um sie auf Ihre Anwesenheit vorzubereiten, und in einer halben Stunde folgen Sie mir."

Valeska war mit dem Plane einverstanden. In einer halben Stunde!

Der Professor verließ wieder das Hotel und hatte bald das ihm bezeichnete Haus erreicht. Dasselbe war ein recht freundliches, zweistöckiges Gebäude, in dem gefälligen Stil der Schweizerhäuser aufgeführt. Von dem hellen Oelfarbenanstrich der vielgeschnitzten Holzfaçade hoben sich die maigrünen Fensterläden, sowie die dunkleren Töne des herzförmig ausgeschnittenen und vorspringenden Dachgesimses und der Fenstereinfassungen freundlich ab; um die ganze Breite des Giebels lief ein ebenfalls schön geschnitzter Holzbalcon, der in hellern und dunkleren Farben sich wie ein Schmuckkästchen präsentirte, und bis zur Höhe der unteren Fenster rankte Ephen empor, der dem Ganzen einen idyllischen Charakter verlieh.

Eine Dienerin in der kleidsamen Tracht des berner
Oberlandes mit perlengesticktem Sammtmieder, weiten,
bauschigen, schneeweißen Hemdärmeln und eine silbernen
Pfeil im Haare, das wie ein Schneckengehäuse den
Hinterkopf bedeckte, öffnete dem Professor die Hausthür
und ließ ihn in ein freundlich anheimelndes Zimmer
eintreten. Elegant und kostbar war die Ausschmückung
desselben nicht, aber geschmackvoll, und Alles verrieth
auf den ersten Blick die ordnende Frauenhand. Kleine,
mit Häkelarbeiten überspreitete Tischchen und Eckbretter
mit prachtvollen Stickereien trugen allerliebste Nipp=
sachen; zwei große, werthvolle Oelgemälde zierten die
Wände, und der Flügel, mit Notenheften bedeckt, sowie
eine kleine aber gewählte Büchersammlung zeigten
an, daß die Bewohnerin des Hauses eine Dame war,
welche ihre Mußestunden mit geistigen Genüssen auszu=
füllen und ihre Einsamkeit mit den Genien großer Denker
und Componisten zu bevölkern wußte.

Es währte nicht lange, bis sich die Flügelthür öffnete
und die Erwartete eintrat. Iwanow hatte seine Karte
nicht abgegeben; er wollte erproben, ob Frau v. Rakow
sich seiner erinnere, ihn trotz der langen Reihe von Jahren
wiedererkenne.

Valeska's Mutter war eine stattliche Frau von einigen
vierzig Jahren; daß sie einst schön gewesen, verrieth auch
jetzt noch das edel geschnittene Antlitz, wenn auch lang=
jährger Gram und geheimer Kummer die Wangen ge=
bleicht und die Stirne mit leichten Falten durchfurcht
hatte. Das Auge war groß und erinnerte in Momenten
an den einstigen Glanz; das dunkle Haar, an den
Schläfen mit grauen Fäden untermischt, war in eine
spitzenbesetzte Morgenhaube gezwängt, und ein einfach
schwarzes Kleid umfloß den Körper. Die Aehnlichkeit
der Dame mit Valeska war unverkennbar und doch
trat der Professor, als ihm die Frau im ersten Augen=
blicke gegenüberstand, überrascht einen Schritt zurück, so

groß war die Veränderung, welche die Jahre und der Gram an der einst schönen, blühenden Frau bewirkt.

„Erkennen Sie mich nicht mehr?" fragte er, als Frau von Rakow ihn mit leichtem Kopfnicken begrüßt und mit einer Handbewegung eingeladen hatte, Platz zu nehmen. Er ging lebhaft auf sie zu und streckte ihr die Rechte entgegen.

Einige Momente ruhte der prüfende Blick der Dame auf dem Professor; dann flammte ihr Auge plötzlich auf und mit den weißen schmalen Fingern der Linken über die Stirn streichend, wie um ihr Gedächtniß aufzufrischen, sagte sie, freudig durchschauert: „Wär's möglich, — Sie sind's, Iwanow — aus Petersburg?"

„Der bin ich, gnädige Frau, Ihr alter Freund!"

Er preßte fast zu stark die schmale, zarte Hand, die sich in seine Rechte gelegt, in seinen vor Erregung leise bebenden Händen.

„Herzlich, tausendmal willkommen, lieber Professor! ... Aber was führt Sie so plötzlich, so ganz unerwartet zu mir?"

Iwanow ließ sich langsam in einen Sessel nieder.

„Eine recht sonderbare Sache, gnädige Frau; aber bevor ich Ihnen dieselbe mittheile, habe ich Sie auf eine Ueberraschung vorzubereiten."

„Reden Sie! Ist die Botschaft eine frohe, so fällt endlich ein Sonnenstrahl in die Oede meines Exils; ist sie trauriger Natur, — ich bin stark, das Schlimmste zu hören, denn Nichts kann mich mehr erschüttern und tiefer beugen, als das Schicksal mich schon gebeugt hat. Tausend Fragen möchte ich in einen Athemzug legen."

„Eine frohe Kunde ist's, die ich Ihnen bringe. Aber fassen Sie sich, denn auch das Glück will getragen sein, oft mit mehr Muth und Selbstbeherrschung als der Schmerz . . . Sie hatten ein Kind, theure Freundin, eine Tochter — —"

Die Frau fuhr in die Höhe; ihre Augen leuchteten im alten Glanze und flüchtiges Roth färbte die bleichen Wangen. „Mein Kind," rief sie, „meine kleine Valeska! Lebt sie, weiß sie, daß ich lebe?"

„Sie lebt, sie kennt Ihr Geschick, — sie brennt vor Sehnsucht, in die Arme und an das Herz ihrer Mutter zu eilen!"

„Oh! . ." Die Stimme der Frau bebte; der Laut „Oh" zitterte über ihre Lippen, wie der Klang einer alten Saite, die lange nicht geklungen hat und plötzlich wieder angeschlagen wird. Welches Mutterherz sollte nicht erbeben vor unaussprechlicher Wonne, wenn das Kind, das man gewaltsam von demselben getrennt, sich nach langen Jahren diesem besten aller Herzen in Liebe naht, — dem Herzen, das sich verblutete in namenloser Qual, in unaussprechlichem Verlangen, das gehofft und gefleht und gerungen, — bis es nicht mehr hoffte! Mit beiden Händen umklammerte Frau von Rakow einen Arm des Professors und mit fliegendem Athem und brennenden Augen rief sie: „Wo, — wo ist mein Kind?"

„Sie ist hier in der Stadt, in einem Hotel; ich will eilen, Valeska hierher zu führen."

„Nein, Professor, bringen Sie mich zu ihr! Kein Augenblick soll verloren gehen, keine Minute soll mich länger von dem Kinde trennen!"

Sie wankte an einen Tisch, aber sie mußte sich mit beiden Händen auf denselben stützen, um nicht hinzusinken. Ein freudiges Zittern durchschauerte ihren ganzen Körper; sie sank auf die Knie, legte das Antlitz auf die Handflächen und rief, daß es wie unendlicher Jubel, wie der Aufschrei einer erlösten Seele durch das Gemach klang: „Gott, ich danke Dir!"

Schweigend und mächtig ergriffen stand der Professor zur Seite und wagte es nicht, mit einem Laute die Feier dieses wonnetrunkenen Momentes zu stören und zerdrückte eine Thräne in seinem Auge. Das Bewußtsein, daß ihr Kind lebe und hierher geeilt sei, die Mutter zu begrüßen, hatte bei Frau v. Rakow alle anderen Gedanken in den Hintergrund gedrängt; sie fragte nicht, wie das gekommen, sie fragte nichts mehr, diese e i n e Thatsache wog alles Andere auf.

Alle die tausend Fragen, die sie auf den Lippen hatte, als sie dem Professor gegenübertrat, waren verstummt, denn d i e Frage, welche zwanzig lange Jahre Tag für Tag ihren Geist und ihr verlangendes Herz beschäftigt hatte, war beantwortet worden: ihr Kind lebte und war ihr nicht entfremdet!

Langsam erhob sie sich; zwischen den schlanken Fingern tropften die Thränen durch, — Thränen der Freude und Wehmuth. Seit jenem Tage, da das Gericht die Scheidung aussprach, hatte Frau v. Rakow — sie führte den Namen noch immer — nicht mehr geweint. Das Unrecht, das ihr zugefügt worden, hatte ihr Herz verbittert; gewaltsam hatte sie dasselbe gegen alle weicheren Regungen verhärtet; das Andenken des Mannes, der sie so schmählich behandelt und betrogen, hatte sie aus der Erinnerung zu löschen gesucht; sie hatte grimmig die Hände geballt, aber nie gejammert und geweint. Jetzt dagegen, wo Valeska an das Herz der Mutter appellirte, wo sie die verloren Geglaubte sich nahe wußte, wo der heißeste ihrer Wünsche in Erfüllung gehen sollte, da fanden die Augen die lang entbehrten Thränen wieder und reichlich quollen sie über die blassen Wangen.

„Gehen wir, Professor, führen Sie mich zu ihr!"

Sie wandte sich nach der Thür, — in demselben Augenblicke aber öffnete sich diese, und in dem Rahmen derselben erschien eine schlanke, junge Dame, — kein Wort auf den zuckenden Lippen, aber ein Ocean von Liebe und Sehnsucht in den großen Augen!

Einen Moment lang standen sich die beiden Frauen gegenüber, sprachlos, Auge in Auge; Valeska fragte nicht: bist Du meine Mutter? und die Mutter fragte nicht: bist Du meine Tochter? — sie sahen, sie fühlten es, — die Herzen bedurften nicht der Sprache als Dolmetscher, dann sanken Mutter und Tochter mit einem einzigen lauten Jubelruf einander in die Arme.

„Valeska, mein Kind!"

„Meine Mutter!" —

Schweigend verließ der Professor das Gemach; seine Augen waren feucht geworden und er betupfte sie mit dem Taschentuche. Was die beiden Frauen sich jetzt da drinnen in der Stube zu sagen hatten, war für keinen Dritten und bedurfte keines Zeugen; das mußten sie allein miteinander abmachen.

„Ich glaube," murmelte der alte Mann, indem er still das Haus verließ und den Weg, der nach G'steig führt, einschlug, „ich habe doch noch ein Herz, — es wurde mir ordentlich weich." Er putzte wiederholt die Gläser seiner Brille, denn es war ihm, als legte sich ein Schleier vor seine Augen, da die in majestätischer Pracht sich vor ihm erhebende Jungfrau mit dem Silberhorn in eine Schneekuppe zu verschwimmen schien, — aber das Glas war klar, der Schleier war eine Thräne des Glückes im eigenen Auge. — —

Es war Abend geworden. Frau v. Rakow, Valeska und Iwanow saßen im trauten Stübchen des idyllischen Schweizerhauses und plauderten. Mutter und Tochter saßen Hand in Hand und Auge in Auge und Keines wurde müde, der Erzählung des Andern zu lauschen. Einfach aber erschütternd waren die Mittheilungen der ältern Dame; sie entrollte das Bild ihres einsamen

Daseins, ihres gebrochenen Lebensglückes; sie klagte nicht und sprach ohne Bitterkeit, aber in den Thatsachen selbst lag die furchtbarste Tragödie.

Und auch Valeska erzählte von ihrer Jugend und dem entsetzlichen Drama der letzten Wochen, von Gurbinski, dem Verdachte, der auf ihm laste, und seiner Verhaftung.

Mit höchster Spannung und größtem Interesse war Frau v. Rakow dem Berichte ihrer Tochter gefolgt. Als Valeska geendet, umspielte ein fast spöttisches Lächeln die Lippen der Mutter.

„Dein Mann soll also neben dem gefürchteten Bakunin das Haupt der Nihilisten sein?" fragte sie. „Ich bin besser in der Sache unterrichtet! Ich hasse die Gewaltherren in Petersburg, und ich habe Ursache, sie zu hassen. Hier in der Schweiz leben Hunderte von politischen Flüchtlingen, zumal auch Polen, die der Aufstand von 1863 hierher verschlagen hat. Wir alle sind eins in dem Hasse gegen die verlotterte Regierungswirthschaft und die Polizeiwillkür in Rußland und haben engste Fühlung mit den Nihilisten! Mit Rath und That unterstützen wir dieselben, wenn ich ihre Grundsätze auch nicht alle billige; aber den letzten Franken opfere ich freudig, wenn es gilt, Front zu machen gegen den Despotismus und die Geheimpolizei!.. Ich weiß, Valeska, wer das Haupt der Nihilisten ist!"

Die Augen der Frau flammten, als sie dies sagte, und die ganze ihr eigene Energie, die auch auf ihre Tochter übergegangen war, leuchtete aus dem Tone heraus, mit welchem sie das Treiben in Petersburg verurtheilt hatte.

„Und wer, Mutter, wer ist es, für den Gurbinski leidet?"

„Ich darf Dir den Namen nennen, denn nach Allem, was ich heute erfahren, treibt der Mann ein gefährliches Spiel und könnte zum Verräther an der guten Sache werden. Du wirst ihn vernichten, Valeska, schon um

Deines Mannes willen, und ich selbst würde es thun, auch ohne dieses Motiv. Fällt er, so ergreifen hundert Andere die Sache des Volkes, — s i e stirbt nicht mit der Person, und besonders nicht mit d i e s e r Person!"

Dann neigte sie sich vor und flüsterte einen Namen, — und wie wenn Valeska und Jwanow zugleich einen Schlag in's Antlitz erhalten hätten, so prallten Beide zurück und starrten die Frau an, als rede sie irre.

„Er ist es," betheuerte diese, „so paradox dies auch im ersten Augenblicke klingen mag! Er ist der geistige Führer der Verschwörer, — woher sollte ich sonst seinen Namen kennen? — er ist der Verfasser der Brand= schriften, und entweder ist es ihm ernst um die Sache, die er leitet, und dann ist er ein Verräther in seinem Amte, oder er ist Spion, und dann stände es schlimm um die Nihilisten. Aber schon die Thatsache, d a ß e r ein zweideutiges Spiel treibt, bedingt seinen Untergang. Es wird Dir nicht schwer halten, Valeska, Dir die Beweise zu beschaffen, daß meine Behauptung einen thatsächlichen Hintergrund hat, und mit diesen Beweisen hast Du die Freiheit Deines Mannes in Händen!"

Der Professor schaute noch immer so verblüfft drein, als sei ein Blitz vor ihm niedergefahren, und Valeska schritt aufgeregt in dem Zimmer auf und ab. Was sie von ihrer Mutter gehört, klang ihr so ungeheuerlich und absurd, daß sie es anfangs nicht zu glauben ver= mochte; aber je mehr sie die Möglichkeit der Sache er= wog, um so wahrscheinlicher fand sie dieselbe, ja, es wurde ihr sogar Manches klar, was sie bisher nicht begriffen und nicht beachtet hatte.

„Mutter," sagte sie, plötzlich auf diese zutretend und ihre Hand ergreifend, „ich danke Dir! Du hast mir den Weg gezeigt, der zum Ziele führen kann; meine Ahnung, daß Du mir helfen würdest, hat mich nicht betrogen. Ich werde handeln, schnell und rück= sichtslos handeln und selbst vor keinem Hinderniß zurückschrecken. Dieser eine Name hat mir den Weg gezeigt, den ich zu gehen habe, — wird er auch rauh sein und dornenvoll, — es muß sein!"

„Und dein Vater?"

Valeska zuckte zusammen. „Er hat mich geschlagen," versetzte sie dumpf, „er wollte mich herzlos seinem Ehrgeiz, seiner Furcht vor dem Czaren opfern, er hat das letzte Band von Liebe und Achtung zwischen uns zerrissen, — trotzdem ist er mein Vater! Ich werde ihn schonen, soweit es möglich sein wird."

Die Mutter nickte; sie wollte die Entschließungen ihrer Tochter in diesem Punkte offenbar nicht beeinflussen.

„Thue, was Dir recht und nothwendig dünkt!"

„Und wirst Du uns nach Petersburg begleiten, Mutter?"

„Für kurze Zeit — ja, auf die Dauer nicht. Dagegen bitte ich Dich, hierher überzusiedeln, sobald Dir die Rettung Gurbinski's gelungen ist. Wer Rußland verläßt, hat nichts zu verlieren, sondern nur zu gewinnen."

„Darüber muß die Zukunft entscheiden. Ich billige den Plan."

Am folgenden Morgen trug das Dampfroß Frau v. Rakow, Valeska und den Professor dem Norden zu. —

13.

Im innern Hofe des petersburger Untersuchungsgefängnisses gingen neun Arrestanten — es waren ausnahmslos Nihilisten — spazieren. Der Spaziergang, die einzige Erholung der Gefangenen, die den Tag über in dumpfen, feuchten Kerkerzellen schmachteten, bestand in einem Gänsemarsche, d. h. sie gingen, der Eine hinter dem Andern, mit fünf Schritt Distance, und der Wächter stand gelangweilt in der Mitte des Hofes, mit dem Rücken wider eine hölzerne Pumpe gelehnt, und beobachtete, daß Keiner mit dem Andern ein Wort sprach oder gar einen Fluchtversuch machte. Letzteres wäre auch ohne fremde Beihilfe ein Ding der Unmöglichkeit gewesen, denn die innere Mauer war glatt wie ein Tisch, mindestens fünfzehn Fuß hoch, und zwischen dieser und der äußern Umfassungsmauer patrouillirten Soldaten mit scharf geladenen Gewehren, die den Befehl hatten, jeden Gefangenen sofort niederzuschießen, der auf verbotenem Terrain sich sehen ließ.

Dieser Hof, streng geschieden von den übrigen Hofräumen des Gefängnisses, auf denen die bereits Verurtheilten sich ergehen durften, war ein schmuckloser Platz, hie und da mit einem Büschel Gras bestanden, und die hohen Mauern schlossen so vollständig die Außenwelt ab, daß nur ein Stück des Himmels, aber kein Kirchthurm, keine Dachspitze zu erblicken war.

Die Gefangenen trugen dunkelblaue, schirmlose Mützen, graue Jacken und Hosen und alte Stiefel, welche in den Kasernen nicht mehr benutzt werden konnten. Manche der Leute befanden sich schon seit Jahr und Tag in Untersuchungshaft und erwarteten vergebens, daß man ihnen den Prozeß machen werde; man hatte sie wahrscheinlich „vergessen," was in Rußland eben keine Seltenheit und gleichbedeutend mit lebenslänglicher Kerkerstrafe ist.

Unter den Arrestanten befand sich auch Gurbinski, das Haupt der Nihilisten. Etwa eine Viertelstunde mochte die Promenade gedauert haben, als das Thor sich öffnete und der Stadthauptmann v. Rakow erschien. Mit finstern Blicken musterte er die Truppe, und als er seinen „Schwiegersohn" gewahrte, fragte er, auf denselben zeigend, den Wächter streng: „Weshalb ist dieser Bursche von den übrigen nicht getrennt?"

Der an allen Gliedern bebende Aufseher, der schon eine schallende Ohrfeige witterte, stammelte einige unverständliche Laute, als Gurbinski aus der Reihe trat und erklärte: „Ich bin leidend und habe vom Gefängnißarzt die Erlaubniß erhalten, spazieren gehen zu dürfen."

„Habe ich mich etwa an Dich gewandt?" herrschte der General ihn an; „man führe ihn in den Carcer ab!"

Er setzte ein Pfeifchen an den Mund, stieß zweimal scharf hinein und sofort erschienen zwei Soldaten, welche den unglücklichen, leidenden Mann über den Hof trieben, — in den Carcer, d. h. in ein dunkles Loch ohne Pritsche, wo der Speisezettel Wasser und Brod vorschrieb.

Ueber den Hof schreitend begegnete Gurbinski auf's Neue dem Stadthauptmann der rasch auf ihn zutrat, mit der Hand ausholte und rief: „Mütze ab!" Gurbinski sah die drohende Bewegung und wich derselben aus; im nächsten Augenblicke aber traf die wuchtige Faust des Generals so heftig seinen Kopf, daß die Mütze weit weg flog. Der Gefangene knirschte mit den Zähnen und ballte die Fäuste.

„Was," schrie Rakow, „der Hund will trotzen? Fünfzig Hiebe!" Die Soldaten schleppten den Mann, der bei diesem furchtbaren Worte fast zusammenbrach, in die sogenannte Dressurkammer und schnallten ihn über einen hölzernen Block und zwar derart, daß er weder Arme noch Beine rühren konnte. Dann holten sie aus dem „Magazine," einem scheunenartigen Schuppen, Ruthen, fertigten Bündel daraus und begannen nach dem Commando des Polizeimeisters in langsamem Tempo die entsetzliche Prügelstrafe zu vollziehen. Gurbinski konnte keine Schmerzensschreie ausstoßen, da sein Gesicht fest auf einem Lederkissen geschnallt war, nur ein leises Wimmern mischte sich in die klatschenden Ruthenstreiche.

Nach einer Viertelstunde trug man einen ohnmächtigen, mit Blut überströmten Mann aus der Dressurkammer, aber nicht in den Carcer, das war gegen die Hausordnung, sondern in die Krankenstube, — der Carcer kam später an die Reihe.

Der Stadthauptmann fuhr in sein Palais zurück und beorderte den Geheimrath Kowalscheck in sein Bureau.

„Was haben Sie in der Affaire ermittelt?" fragte er diesen ohne Umschweife. „Aus dem Burschen selbst ist kein Geständniß herauszupressen."

„Bis jetzt nichts Thatsächliches, Excellenz. Ich habe das ganze Haus untersucht, jede Diele aufbrechen lassen, — Papiere und Schriftstücke, die als Beweis dienen könnten, fanden sich leider nicht vor."

„Der Kaiser hat die Execution sistirt, — meine Tochter und der Justizminister sind mir in die Quere gekommen, — aber bevor der Czar von dem Kriegsschauplatze zurückgekehrt sein wird, wird hoffentlich die Medicin, die ich dem Verräther verabreichen lasse, so gewirkt haben, daß die Execution nicht mehr nothwendig sein dürfte."

Kowalscheck nickte zustimmend; er war offenbar mit dieser „Medicin" einverstanden.

Ein Diener trat ein und präsentirte der Excellenz auf silbernem Teller eine Visitenkarte.

„Ah!" machte Rakow und reichte die Karte dem Geheimrath. Auch dieser war nicht wenig verwundert, auf der Karte zu lesen: Valeska Gurbinski, geb. v. Rakow.

„Das hat etwas zu bedeuten, Excellenz; nach den letzten Vorgängen erwartete ich dieses Entgegenkommen nicht."

Rakow lächelte: „Habe ich Ihnen nicht gesagt, lieber Kowalscheck, daß meine Tochter zur Vernunft kommen würde?"

Beide verließen das Bureau und der Stadthauptmann begab sich in seine Privatwohnung, wo ihn Valeska erwartete.

Es mochte die junge Frau Selbstüberwindung und Kampf genug gekostet haben, ehe sie sich zu diesem Schritte entschloß, — aber es mußte sein! Sie wollte sogar einen Gleichmuth zur Schau tragen, der grell mit ihren wahren Gefühlen contrastirte, aber zu welchen Opfern ist eine Frau nicht bereit, wenn es gilt, den geliebten Mann drohenden Gefahren zu entreißen?

Sie trat ruhig, fast heiter ihrem Vater entgegen.

„Nun," sagte dieser in seiner schroffen Weise, „Du hier, Valeska, — Dich hätte ich nicht erwartet."

„Das glaube ich, aber ich denke, wir vergessen die Vergangenheit. Was geschehen ist, ist abgethan, — es war ein böser Traum."

„Diese Sprache lasse ich mir gefallen; ich sehe, Du bist vernünftig genug, mit gegebenen Größen und nicht mit Nebelbildern zu rechnen. Weshalb führst Du Dich aber als Frau Gurbinski bei mir ein?"

„Kann ich den Namen abschütteln, so lange der Mann lebt, dem ich angetraut bin?"

Der General biß sich die Lippen; er hatte seine vermeintliche Schlauheit schon längst eine Uebereilung und einen dummen Streich genannt und war nicht gern daran erinnert.

„Wo warst Du in der letzten Zeit?"

„Ich bedurfte des Alleinseins, der Sammlung. Die Aufregung der letzten Wochen, die Unmöglichkeit, Deinen Wunsch zu befriedigen und die letzte Katastrophe zwischen uns Beiden hatten mich derart erschüttert und so sehr auf meinen Gemüthszustand eingewirkt, daß ich vor allen Dingen der Ruhe bedurfte, um mit mir selbst in's Reine zu kommen. Ich habe mit der Vergangenheit gebrochen und erwarte ein besseres Geschick von der Zukunft."

„Ich freue mich, daß Du zu der Erkenntniß gekommen bist, daß es besser ist, sich in das Unabänderliche zu fügen und frischen Muthes in's Leben zu blicken, als weiblichen Sentimentalitäten nachzuhängen. Das Vergangene wird am schnellsten verwischt werden, wenn Du eine neue Ehe eingehst."

„Glaubst Du?... Würdest Du es billigen, wenn unsere Wünsche sich in diesem Punkte begegneten?"

Die Blicke von Vater und Tochter trafen sich; ersterer schaute einigermaßen überrascht auf, da er Valeska nach den letzten Vorfällen diese Gefügigkeit nicht zugetraut hatte; der Blick der jungen Frau dagegen war lauernd; sie war offenbar bei dem Ziele angelangt, auf das sie lossteuerte.

„Gewiß," versetzte der General; haft Du einen bestimmten Wunsch zu äußern?"

„Du sprachst davon, daß Kowalscheck Absichten auf mich habe; er selbst gab es mir wiederholt zu verstehen —"

„Ah! Ich bin nur erstaunt, daß Dein Sinn sich so bald geändert, da Dir der Mann früher wenig sympathisch war."

„Mädchenthorheit! Ich darf nicht mehr allzu wählerisch sein; nach der „Comödie" mit Gurbinski scheint mir dieser Ausweg der beste zu sein."

„Das scheint mir auch." Rakow's Augen ruhten noch immer mit dem Ausdruck der Ueberraschung und des Zweifels auf seiner Tochter, allein ihre Ruhe und Resignation entwaffnete jeden Argwohn. Der Vater schritt drei, viermal im Zimmer auf und ab und murmelte mit bitterm, fast verächtlichem Tone das Wort: „Weiber!"

„Ist's Dein Ernst?" fragte er plötzlich vor sie hintretend.

„Soll ich vielleicht in Deine Hände eine Liebeserklärung ablegen?"

„Gut, wie Du willst. Ich werde Kowalscheck sofort benachrichtigen."

„Thue es!"

Das Gespräch war stehend geführt worden; jetzt ließ Valeska sich auf einen Stuhl nieder und ihr Vater verließ das Gemach.

Wenige Minuten später trat Kowalscheck freudestrahlenden Antlitzes ein.

„Excellenz überbrachte mir so eben eine Botschaft," sagte der Geheimrath, indem er mit einem süßen Lächeln auf den Lippen sich der jungen Frau näherte, „die mich ebenso überrascht wie erfreut. Ist es wahr, daß Sie meinen längst gehegten Wunsch erfüllen und mir die Hand reichen wollen?"

„Mein Vater hat die Wahrheit gesprochen," entgegnete Valeska dumpf, da sie nur mit Mühe ihre Fassung und ihren Gleichmuth bewahren konnte. „Sie kennen die Vorgänge, Herr Geheimrath, und werden meine Lage zu beurtheilen wissen."

„Soweit ich die Sache kenne, konnte die Heirath doch nur eine Comödie, ein Mittel zum Zwecke sein; leider war das Mittel ein fruchtloses, was ich schon im Voraus würde erklärt haben, wenn ich die Absichten Sr. Excellenz durchschaut hätte."

„So?" fragte Valeska und ihr Auge flammte plötzlich auf. „Hätten Sie dies gekonnt?"

Diese Frage und das „So?" klangen so eigenthümlich, daß Kowalscheck fast bestürzt einen Schritt zurücktrat. „Ich glaube es wenigstens," ergänzte er.

„Und ich bewundere Ihren Scharfsinn, Herr Geheimrath . . . Was nun unsere Angelegenheit betrifft, so hängt die Verwirklichung unserer Wünsche von dem Ergebniß ab, welches ein näheres und engeres Bekanntsein miteinander mit sich bringen wird. Ich kenne Sie nur als tüchtigen Beamten, als Vertrauten meines Vaters; aber Sie werden mir beipflichten, daß dies allein im vorliegenden Falle nicht genügt."

Kowalscheck verneigte sich, lächelte und legte beide Hände auf sein Herz, gleichsam zur Betheuerung, daß er als Mensch und Mann mindestens so schätzenswerthe Eigenschaften besitze, wie als Beamter und daß er die Prüfung seiner persönlichen Vorzüge dem Ermessen der Dame anheimstelle.

„Vor allen Dingen," fuhr Valeska fort, welche das verliebte Gebahren des schmächtigen Männchens trotz des Ernstes der Situation amüsirte und den seine berühmte Verschlagenheit diesmal im Stiche ließ, da Liebe bekanntlich blind macht, — „vor allen Dingen bitte ich für's erste um strengste Discretion. Bevor unsere förmliche Verlobung stattgefunden, will ich die Sache als Geheimniß zwischen uns und meinem Vater betrachtet wissen, — sonst! . . ." Sie erhob drohend den Zeigefinger und zwang sich zu einem Lächeln.

Kowalscheck aber, der alle Forderungen der jungen Frau bewilligt hätte, ergriff, überglücklich durch das bezaubernde Lächeln und durch den ungeahnten Erfolg, der seinen kühnsten Hoffnungen winkte, Valeska's Hand und führte sie an seine Lippen . . .

14.

Olinka, die heimlich Verlobte des Lieutenant Sergei Petrowitsch, stand am Fenster ihres Boudoirs und träumte. Was soll ein siebzehnjähriges Mädchenherz, das liebt, und das den Geliebten im Kriege stündlich von Gefahren und tückischen Türkenkugeln umringt weiß, anders thun, als träumen und seufzen? Was kümmerten Olinka die Sorgen ihres Vaters, das Treiben der Nihilisten, was Politik und Krieg, da sie genug Kummer im eigenen Herzen trug!

Es war ein stürmischer, rauher Spätnachmittag. Der ganze Himmel war mit grauen Wolken bedeckt und der

Wind peitschte bisweilen einen feinen Regen wider die Fensterscheiben; nur am Horizonte zeigten sich einige lichtere Stellen. Plötzlich brach die sinkende Sonne durch das Gewölk, als habe sie vor ihrem Scheiden der Welt noch einen Gruß senden wollen. Die ganze Natur flammte, aber nicht in dem Purpur der rosigen Abendröthe, sondern in grell=gelbem Lichte, das mit fast unheimlichen Strahlenbündeln die Straßen Petersburg durchfluthete. Die Fenster eines ziemlich entfernt liegenden großen Gebäudes flammten wie in heller, lichter Lohe, und die blattlosen Zweige einer mächtigen Linde schaukelten, vom Winde hin und her geweht, vor den glühenden Fenstern, so daß es schien, als züngelten die Flammen hellauf aus dem Gebäude. Nur wenige Minuten dauerte das prächtige Schauspiel, dann sank die Sonne und düstere Wolkenmassen umschleierten ihr strahlendes Haupt und den ganzen Horizont.

„Ein Bild meiner Liebe," seufzte Olinka. „Plötzlich aufflammend, wie diese Sonnenstrahlen, mein ganzes Dasein verklärend, und dann ebenso schnell in dunkle Schatten sich hüllend, — das ist das Schicksal meiner ersten, jungen, heißen Liebe! O Sergei, warum sprachst Du mir von Liebe, warum wecktest Du Gefühle in meiner Brust, die mich jetzt mit namenloser Sehnsucht verzehren? . . . Lebst Du noch, gedenkst Du Deiner einsamen Olga?"

Das junge Mädchen fühlte sich in der That einsam. Ihre Halbschwester Valeska hatte sie verlassen, der Professor ließ sich nicht mehr sehen, Niemand kümmerte sich mehr um sie, — und so träumte sie immerfort von Sergei und stützte das müde Köpfchen in die Handflächen und weinte Thränen der Sehnsucht und des Schmerzes.

Seit jenem Abend, als das Hochzeitsfest Valeskas im Gartenhause gefeiert worden und Olga erröthend ihre Hand in die Sergei's gelegt, war die jüngere Tochter Rakow's wie umgewandelt. Früher war sie die Munterkeit selbst und suchte die Geselligkeit; jetzt floh sie die rauschenden Concerte und die Kränzchen, um allein zu sein mit ihrer Liebe, ihren Hoffnungen und ihrem Schmerze; sie wühlte sogar in den schmerzlichen Gedanken und fand ein grausiges, wonnevolles und zugleich marterndes Entzücken in diesem selbstpeinigenden Phantasien. Die ganze Welt schien ihr verklärt und doch wieder in düstere Schatten gehüllt, weil Sergei fern war. Früher las Olga in den Zeitungen höchstens das Feuilleton, und dieses nur, wenn es recht schaurig geschrieben war, und jetzt verfolgte sie mit einem Eifer die Nachrichten vom Kriegsschauplatze, als wäre es ihre Aufgabe gewesen, Leitartikel für den ‚Ruski=Mir‘ zu schreiben. Sonst duldete es den lustig flatternden Schmetterling keine Viertelstunde vor dem Flügel, und jetzt konnte sie stundenlang ihre Liebe in aufjauchzenden und ihren Schmerz in klagenden Accorden ausströmen lassen. Es phantasierte sich so süß, so schmerzlich auf dem Clavier! Heiterkeit und Wehmuth, helles Lachen und Thränen wechselten urplötzlich, ohne jede sichtbare Ursache, und das Stubenmädchen Pawlinka, die lose Schwätzerin mit den Pfirsichbacken und dem Stumpfnäschen, flüsterte dem Bedienten Iwan in's Ohr: „Unser Fränlein ist bis über die Ohren verliebt." Und Iwan nickte.

Olga setzte sich an ein reizendes Arbeitstischchen, auf welchem eine Fuchsia stand. „Sergei liebt die melancholischen Fuchsien, wie er mir sagte," murmelte sie und ließ die blutrothen Blüten und die Knospen über ihre weißen Finger gleiten; „für ihn will ich diese Blume pflegen und sie ihm überreichen, wenn er heimkehrt. Wenn! . . . Die purpurnen Knospen gleichen Blutstropfen!" Sie schauerte bei dem Worte unwillkürlich in sich hinein, griff dann aber, wie um sich des Gedankens an Blut und Wunden zu entschlagen, entschlossen zu einer prachtvollen Stickerei.

Wenn Valeska ihre Schwester früher oft ermahnt hatte, thätiger zu sein und eine Stickarbeit vorzunehmen, dann hatte Olga hellauf gelacht und war davon getänzelt und hatte ein Liedchen geträllert, statt Nadel und Stramin zur Hand zu nehmen, — jetzt stickte sie mit einem Eifer, als gelte es, eine Accordarbeit fertig zu stellen, denn sie stickte ja für ihn! Seide, Perlen, Gold- und Silberfäden bereitete sie auf der glänzenden, mit Email eingelegten Platte des Tisches aus und stickte nach einem vorliegenden, farbenprächtigen Muster Rosen und Vergißmeinnicht auf das feine Gewebe, und bei jedem Stiche dachte sie an ihn, den fernen Geliebten; sie freute sich, daß die Arbeit so schnelle Fortschritte machte und bedauerte es wieder, daß sie in acht, vierzehn Tagen beendet sein würde, denn für Sergei hätte sie Tag und Nacht fortarbeiten mögen. Sie lächelte, wenn die Nadel die zarten Fingerspitzen traf und ein Tropfen Blut aus der Wunde quoll — sie wollte die Blutstropfen zählen, die sie für Sergei vergoß! — und sie malte sich hundertmal den wonnigen Augenblick aus, wenn sie vor den Theuren würde hintreten, ihm die Stickerei überreichen und sagen können: „Dies hat Deine Olga für Dich gemacht und bei jedem Stiche hat sie an Dich gedacht!" Ob er auch ihrer soviel gedenken würde in dem wilden Kriegsgetümmel? Noch war kein Brief, kein einziger für sie eingetroffen!

Sergei befand sich bei der Donau-Armee. Der Czar hatte, da die Serben vergebens gegen den Halbmond angestürmt, seine bisherigen indirecten Operationen also mißglückt und ebenso die Bemühungen der Diplomaten, den Frieden zu erhalten, gescheitert waren, der Türkei den Krieg erklärt, und in Asien und an der Donau zugleich ergossen sich die russischen Heersäulen in's feindliche Land. Herrschgier und Ländersucht hatten sich die Maske des „Christenschutzes" vorgebunden, und Hunderttausende wurden schnöden Raubgelüsten erbarmungslos geopfert. Olga sah die Sache, so viel sie davon verstand, freilich mit andern Augen an; für sie war der Krieg ein „heiliger" und der „Wille Gottes," denn es galt ja den ungläubigen Türkenhunden, die es bis jetzt noch immer gewagt hatten, in Europa Länderstriche zu besitzen, anstatt diese mitsammt der Hauptstadt dem „Batjuscha" zu Füßen zu legen, und die noch immer über Christen herrschten und dieselben bedrückten, während doch die Christen in Rußland sich der beneidenswerthbesten „Freiheit" erfreuten! Olga interessirte der Krieg, abgesehen von dem allgemein menschlichen Mitleid mit den Kämpfenden, hauptsächlich nur deshalb, weil Sergei sich auf dem Kriegsschauplatze befand und weil ihr für sein Wohl und Wehe bangte. Von Tag zu Tag, von Stunde zu Stunde hatte sie einer Nachricht von dem Geliebten entgegengesehen, und mit jedem Tage, der neue Enttäuschung brachte, stieg ihre fieberhafte Ungeduld. Hatte er sie sobald vergessen? War er treulos geworden, oder fehlte ihm die Gelegenheit, ihr Nachricht zu geben? Schon hatte sie in den Zeitungen Berichte von blutigen Gefechten gelesen, von Schiffen, die in die Luft gesprengt worden, und wenn die russischen Zeitungen auch regelmäßig nur von einem Todten sprachen, der auf dem Felde geblieben, — war es nicht möglich, daß gerade Sergei dieser eine Todte sein konnte?

So marterte sie ihr junges Köpfchen mit hundert Fragen ab, und das zuckende Herzchen gab immer die Antwort: hoffe und verzage nicht! Dann malte sie sich das Wiedersehen aus, wenn Sergei als tapferer Soldat, bekränzt mit dem Lorbeer und geschmückt mit Orden, nach Petersburg zurückkehren und sie stolz lächelnd begrüßen würde; wenn sie in seine Arme, an sein Herz fliegen und ihm erzählen würde, wie viel sie um ihn gelitten und wie sehr sie um ihn gebangt habe! . .

Da endlich . . ein Brief!

Pawlinka erschien in dem Boudoir und überreichte ihr mit den Worten: „Ein Brief für Sie, gnädiges Fräulein," das lang ersehnte Schreiben.

Olga sprang erröthend auf und ein tiefer, schwerer Seufzer entrang sich ihrer Brust, als sie die geliebten Schriftzüge erkannte. Die Hände bebten und das Herz klopfte wild und in das Auge trat eine Thräne der Freude. „Er lebt!" jubelte sie und preßte das Schreiben wider ihre Lippen; dann öffnete sie das Couvert und las:

„Liebe Olga! Endlich ist es mir vergönnt, einige Zeilen an Dich zu richten. Der Hast, mit der unser Regiment nach dem Süden stürmte, als gelte es, den Feind nur so über den Haufen zu rennen und in Constantinopel einzuziehen, ist durch die hochgeschwollene Donau ein vorläufiges Ziel gesetzt worden. Ich befinde mich in Braila, und drüben in Matschin, jenseits des Matschinarmes, stehen die Türken, deren Monitors, riesige, eiserne Ungethüme, drohend herüberblicken. Trotz der endlosen Märsche und des wildes Kriegslebens, das so ganz verschieden ist von dem behaglichen Leben eines Officiers in der Garnison, trotz der täglich und stündlich wechselnden Scenerien und der tausenderlei Dinge, die auf mich einstürmen, beschäftigt mich der Gedanke an Dich, an die Geliebte in der trauten Heimat, unablässig; er stählt meine Kraft und gibt mir den Muth, den Strapazen und Mühen kühn die Stirn zu bieten. Das Leben des Soldaten im Felde gehört in erster Linie dem Vaterlande, aber der Wunsch, mein Leben erhalten zu können, da ich es Dir geweiht, ist nicht unberechtigt. Die Frage, wann die erste Schlacht geschlagen wird, ist zur Stunde nicht zu beantworten, da sich dem Brückenbau über die dreihundert Meter breite Donau die größten Schwierigkeiten entgegenstellen. Aber trotzdem ist es mir vergönnt gewesen, eine That zu vollführen, die mir heute schon das Capitän=Patent eintrug und ohne Zweifel mein Avancement beschleunigen wird. Ich wollte mich auszeichnen, um mit Ehren zu=

rückkehren und als braver Soldat vor Deinen Vater hintreten zu können.

Ich entschloß mich, einen der türkischen Monitors in die Luft zu sprengen. Waghalsig war das Unternehmen, aber die Liebe zu Dir, Olga, gab mir Muth, das Kühnste auszuführen. Mein Plan fand die Billigung des Generals, und vorgestern Abend, als unser Regiment in dem Hotel Sanct Petersburg in Braila das Namensfest des Platzcommandanten feierte und die Champagnerpfropfen flogen, da stieß ich, begleitet von einigen Soldaten, in zwei Kähnen vom Ufer ab. In dem Nachen befanden sich dynamitgefüllte Torpedos, in welche mit großer Vorsicht ein langer Draht eingefädelt wurde. Die Nacht war stockfinster, so daß man kaum auf zwanzig Schritte den Wasserspiegel überschauen konnte; es regnete und ein rauher Wind kräuselte die ungeheure Fläche des Stromes. Plötzlich theilten sich die Wolken und der Vollmond zeigte uns in ziemlicher Ferne eine gewaltige, unförmliche Eisenmasse, den Monitor, dessen eiserner Schornstein über die Fluthen ragte. Majestätische Stille herrschte ringsum, kaum war das Plätschern der mit Tuch umwundenen Ruder vernehmbar. Mein Herz klopfte höher, je mehr ich mich der Wasserfestung näherte, aber auch in diesem furchtbaren Augenblicke, angesichts einer gräßlichen Katastrophe, stand Dein Bild deutlich vor meinem Auge ... Ohne Unfall erreichten wir das Panzerschiff und sofort tauchte ich nieder, um die Torpedo's am Kiel des Ungethüms zu befestigen. Alles ging nach Wunsch; die Türken schliefen wie die Ratten sorglos wie immer. Als wir von dem Schiffe abstießen, bemerkte uns die Wache. „Wer da?" rief der Mann, und ein Rumäne, welcher der türkischen Sprache vollständig mächtig ist und den ich vorsichtshalber mitgenommen, antwortete: ein Officier der Flotille habe sich in Matschin verhalten und bitte, seinetwegen keinen Scandal zu machen. Als der Posten aber gewahrte, daß die Fahrzeuge sich immer weiter von dem Monitor entfernten, gab er Feuer, glücklicherweise ohne Jemand zu treffen. Eine halbe Stunde später hatten wir das linke Donau-Ufer erreicht; ich hielt das Ende des Drahtes in der Hand. Der Regen floß wieder in Strömen, aber Niemand achtete darauf; ich zitterte vor Aufregung. Ein heller Lichtschein durchblitzte die Nacht — dann erfolgte in der nächsten Sekunde ein Knall so fürchterlich, so markerschütternd, daß ich zurückprallte. Diesem ersten gewaltigen Knalle folgte ein Knattern und Prasseln, das mehrere Minuten währte und sich anhörte, wie wenn ein Dutzend Mitraillensen zugleich gefeuert hätten, — dann noch ein Knall — und Alles war ruhig. Der Eisenkoloß war in die Luft geflogen, in tausend Fetzen zerrissen, und mit ihm die ganze türkische Besatzung. Trümmer, Blutlachen, Holzsplitter bedeckten den Wasserspiegel, aber auch die letzten Reste des stolzen Schiffes zogen die Wirbel bald in die Tiefe und die Wogen spülten sie hinweg.

Das entsetzliche Werk war gethan; ich bebte an allen Gliedern; es that mir leid um die Menschen, die ich aus dem Schlafe in den Tod geschickt, — aber das ist der Krieg! Man beglückwünschte mich von allen Seiten und heute schon erhielt ich die Beförderung zum Capitän.

Was die Zukunft bringt, — ich weiß es nicht; auf alle Fälle viel Blut und Elend, denn die Türken wissen, daß es sich um Sein oder Nichtsein handelt und werden Alles aufbieten, den ihnen drohenden Untergang so theuer wie möglich zu erkaufen. Ich glaube nicht, daß unser Marsch nach Constantinopel ein leichter Siegesmarsch sein wird, sondern daß der Weg über Berge von Menschenleibern und durch Ströme von Blut gehen wird. Möge der Himmel mich beschützen, daß ich unversehrt in die Heimat zurückkehre! Bleibe mir treu, liebe, theure Olga, und sei im Geiste stets bei Dem, der im wildesten Schlachtengetümmel Deiner gedenken wird. Es grüßt Dich vieltausendmal Dein Sergei Petrowitsch."

Olinka ließ die Hände, die den Brief hielten, in den Schooß sinken und eine schwere Thräne rollte über ihre Wangen auf das Papier. „Gott schütze ihn!" seufzte sie.

― ― ― ― ― ―

15.

Das Haus des Geheimrathes Kowalscheck war unmittelbar neben einem vielbesuchten und gut renommirten Hotel gelegen. In diesem Hotel hatte Valeska's Mutter in der dritten Etage zwei Zimmer auf einen Monat gemiethet und den Preis im Voraus entrichtet. Die Frau hatte sich als Gräfin von Poniatowski aus Warschau ins Fremdenbuch eingetragen und die ziemlich hochgelegene und nach dem Garten führende Wohnung deshalb begehrt, weil sie, wie sie sagte, von dem Geräusche der Straße nicht belästigt sein wollte.

Es war Abend. In dem mit allem Comfort ausgestatteten Salon saßen Frau v. Rakow, Valeska und Professor Iwanow; in einem Winkel kauerte die alte, treue Njanja und vor ihr lag ein Bündel mit Kleidern.

Die Mienen der Mutter verriethen Besorgniß, Valeska schien erregt und der Professor schüttelte bisweilen sein weißes Haupt.

„Es ist also Dein fester Entschluß, das Vorhaben auszuführen?" wandte sich nach einer Pause die Mutter an ihre Tochter.

„Unbedingt," versetzte diese, „und zwar heute noch."

„Ich billige die That, nur fürchte ich für ihr Gelingen," warf Iwanow ein.

„Ihr Alter möge die Bedächtigkeit entschuldigen, Professor; ich muß handeln, — es bleibt mir keine Wahl! Oder sollen etwa all' die Vorbereitungen vergebens sein? Jetzt wo es gilt, Hand an's Werk zu legen, wollen Sie mich muthlos machen!"

„Nur zur Vorsicht mahnen, Valeska."

„Ich kenne den Weg, den ich zu gehen habe — und ich gehe ihn, koste es mein Leben! Entweder vernichte ich diesen Schurken und rette meinen Mann, oder ich gehe mit ihm zu Grunde!"

Ihre Augen blitzten und wie zum Schwur hob sie die Rechte in die Höhe.

„Nun denn an's Werk," versetzte die Mutter; hast Du Alles reiflich erwogen und vorbereitet?"

„Alles, Mutter; — für den äußersten Fall bleibt mir dies!"

Sie zog aus den Falten ihres Kleides einen scharf geschliffenen, blitzenden Dolch. „Ich hoffe aber nicht," fügte sie hinzu, „daß ich desselben bedarf. Prüfet selbst, ob ich es wagen darf: Kowalscheck schmeichelt sich mit der Hoffnung, mich bald die Seinige nennen zu können; ich erweckte diese Hoffnung und nährte sie. Was ich erwartet, geschah; er lud meinen Vater und mich zum Thee ein und bei diesem Besuche hatte ich Gelegenheit, die Räumlichkeiten seines Hauses in Augenschein zu nehmen; er selbst führte mich, da ich erklärte, in meiner bisherigen, mit so traurigen Erinnerungen verknüpften Wohnung nicht ferner bleiben zu wollen, in dem ganzen Hause umher; nach vollzogener Trauung soll ich nach Kowalscheck's eigenem Vorschlage in sein Palais übersiedeln, und somit war mein Wunsch, dasselbe kennen zu lernen, natürlich und berechtigt. Das Geheimcabinet — er selbst nannte es eine „unbenutzte Kammer," denn die Schreibstube befindet sich im Erdgeschoß — ist im dritten Stockwerk hofwärts gelegen. Ich habe mir Alles genau gemerkt und kann nicht fehlen. Das zweite, mit gelben

Gardinen behangene Fenster ist leicht zu öffnen; es bleibt mir kein anderer Weg, da ich das Dienstpersonal nicht in's Vertrauen ziehen mochte. Das Dach des Hauses ist vom Dache des Hotels aus ohne Schwierigkeit zu erreichen und wie ich mich heute überzeugt habe, befindet sich eine eiserne Dach=Klammer in gleicher Richtung mit dem Fenster. Gefahrlos ist der Weg nicht, das gebe ich zu, aber für Gurbinski wage ich Alles!"

Valeska erhob sich und die energische Bewegung der Hand, mit der sie die letzten Worte begleitete, schien jede weitere Widerrede abschneiden zu wollen. Die Mutter blickte, ohne etwas zu entgegnen, zur Erde nieder, und der Professor schüttelete wiederholt mit dem Kopfe, als billige er diesen Plan nicht; er sagte aber nichts.

„Komm, Njanja," wandte sich Valeska an die alte Kindsfrau, die sich sofort erhob, das Kleiderbündel unter den Arm nahm und der Sudarinja in das anstoßende Gemach folgte.

Die Zurückbleibenden verharrten in dem bisherigen Stillschweigen; Frau von Rakow strich mechanisch mit der Hand die Fransen der Tischspreite glatt und der Professor setzte eine Cigarette in Brand und schritt auf= geregt durch den Saal.

Nach einer Viertelstunde erschien Valeska wieder, — vollständig umgewandelt; sie trug Männerkleider: eine eng anschließende Kniehose, über welche die Strümpfe gezogen waren, eine graue Jacke, die von einem Leder= gurte gehalten war, und die reiche Lockenfülle war in eine Mütze gezwängt, die mittels einer Schnur unter dem Kinn festgehalten wurde.

Verwundert und lächelnd betrachteten Frau von Rakow und der Professor die junge Frau.

„Ein vollendeter und dabei recht hübscher Bergknappe," meinte Iwanow.

„Nicht wahr?" lachte Valeska gezwungen. „Bin ich für die Kletter=Expedition nicht bestens ausgerüstet?"

„Ganz vortrefflich! Ich hätte nie geglaubt, daß eine Frau einer solch' heroischen That fähig sei," antwortete der Professor.

„Dann kennen sie die Frauen nicht!" versetzte Valeska lebhaft.

„Eine Frau, die ihren Mann liebt, ist zu jedem Opfer bereit. Lieben heißt ja, für Jemand zu sterben bereit sein, sein eigen Selbst in die Schanze schlagen."

„Ich habe die Erfahrung nicht gemacht," murmelte Iwanow düster.

Die Mutter schwieg; sie begriff ihre Tochter, aber sich selbst sagte sie, daß ein Mann einer solchen Liebe auch werth sein müsse.

Valeska befestigte eine kleine Laterne an dem Gurte, steckte den Dolch, Zündhölzer und einen mit Seife bestrichenen Lappen in's Wamms und nahm eine Strickleiter, sowie ein Seil unter den Arm.

„Gehe mit Gott, mein Kind," sagte ihre Mutter und küßte sie.

„In einer halben Stunde hoffe ich zurück zu sein."

Sie eilte davon; der Professor schüttelte abermals mißbilligend den Kopf, die Mutter athmete schwer auf und Njanja sank auf die Knie und betete für ihren Liebling.

Valeska hatte den Plan wohl vorbereitet und sich vor allen Dingen mit der Oertlichkeit vertraut gemacht. Ohne Mühe und ohne von Jemand bemerkt worden zu sein, erreichte sie den weitläufigen Speicher des Hauses und das Dachfenster, welches ihrem Ziele am nächsten gelegen war. Sie öffnete das Fenster und schwang sich mit Leichtigkeit auf dessen schmale Brüstung, — im nächsten Augenblicke stand sie auf dem Dache. Die Turnübungen, die sie als Mädchen fleißig betrieben, kamen ihr dabei bestens zu Statten, die eiserne Willenskraft verlieh ihr Muth und der Gedanke an alles Das, was auf dem Spiele stand, ließ sie vor keinem Wagniß zurückschrecken.

Die Thurmuhren kündeten die neunte Abendstunde an; um zehn Uhr pflegte der Geheimrath seine Wohnung aufzusuchen. Es war stockfinster und stürmisch; schwarze Wolkenknäuel jagte ein schneidender Nordwest am Himmel dahin, nur bisweilen sandte die Sichel des Mondes einen blassen Lichtschimmer durch den Wolkenschleier. Auf Händen und Füßen eilte Valeska durch die ziemlich breite Dachrinne und ließ sich, als sie das Ende derselben erreicht hatte, sachte auf das etwas tiefer gelegene Dach des Nebenhauses hinabgleiten. Des Sturmes, der mit zornigen Fäusten an ihrem schlanken Körper rüttelte und sie in die klaffende, jähe Tiefe zu reißen drohte, achtete sie nicht, — sie mußte vorwärts! Noch zehn Schritte und sie hatte die Stelle erreicht, unter welcher ihrer Berechnung nach das Fenster gelegen war, durch welches sie in das Geheimcabinet Kowalscheck's zu gelangen hoffte. Sie rollte die Strickleiter auf, — sie hatte sich dieselbe aus festem Hanfseil anfertigen lassen — hing das eine Ende derselben in einen eisernen Dach-Haken und befestigte sie mittels Stricken derart, daß ein Loslösen der Schlinge undenkbar war. Dann warf sie das andere Ende der Strickleiter über die Mauer und näherte sich vorsichtig dem Gesimse. Den Vorderkörper über den First des Hauses beugend, horchte sie hinab, ob kein verdächtiges Geräusch auf dem Hofe vernehmbar sei. Alles war ruhig, nur der Wind heulte um das Haus und schüttelte die Bäume des Gartens; vergebens bemühte sich Valeska, die Finsterniß zu durchdringen, sie sah nichts als dunkle schwarze Nacht in der Tiefe, einen gähnenden Abgrund. Entschlossen faßte sie die Strickleiter, und nachdem ein kräftiger Ruck an derselben sie überzeugt, daß sie genügenden Halt biete, schwang sie sich über die Mauer . . . Einige Sekunden schwebte die junge Frau, nur mit den Händen sich haltend, zwischen Himmel und Erde, dann aber fanden die tastenden Füße die Sprossen der schwankenden Leiter, und langsam begann Valeska abwärts zu steigen. Sie riß sich freilich Hände und Kniee an dem Mauerwerk blutig, aber sie achtete nicht darauf, — noch wenige Schritte und sie mußte ja am Ziele sein.

Fest klammerten sich die an den Knöcheln blutenden Hände an die Seile der Strickleiter; Sprosse um Sprosse tasteten die Füße hinab; alle Muskeln waren angespannt, aber trotz des Sturmes und der Tiefe verließ Valeska die Geistesgegenwart nicht, ihr eiserner Wille trotzte Allem! Da endlich, — das Fenster lag vor ihr! Dunkel wie ein schwarzes Auge im Mauerwerk, dicht verhangen von großen Vorhängen. Sie lauschte, — drinnen im Gemache war's still; dann hing sich die junge Frau mit dem linken Arme fest in die Leiter und fuhr mit der rechten Hand, an welcher sich ein Diamantring befand, mehreremal über eine Scheibe, daß das Glas unter dem scharfen Schnitte einen kreischenden Ton von sich gab. Hierauf legte Valeska, nach manchen mißlungenen Versuchen, da sie mit der Leiter hin und her schwankte, das mit Seife bestrichene Tuch auf die Scheibe, zog dasselbe zurück und fuhr mit der Rechten durch die Oeffnung. Das ausgeschnittene Stück Glas entglitt ihren Händen und fiel klirrend auf die Steinplatten des Hofes, — ein jäher Schreck durchzuckte sie, das Herz schlug wild, die Schläfen hämmerten, aber nichts regte sich. „Vorwärts!" murmelte sie und faßte von innen den Riegel. Das Fenster flog auf und Valeska, die ihrem Körper einen kräftigen Schwung gab, nach . . . Sie stand oder lag vielmehr in dem Zimmer, — das Ziel war erreicht!

Tief aufathmend erhob sie sich, schloß schnell das Fenster, zog die Gardinen wieder vor und setzte ihre Laterne in Brand. Leise schritt sie durch das Gemach, jeden einzelnen Gegenstand prüfend. Rechts stand ein einfaches, schwarz angestrichenes Schreibpult, das verschlossen war; daneben ein Büchergestell, von unten bis oben angefüllt mit Zeitungen, Schriften und meist alten Büchern; in einer Ecke stand eine unverschlossene Kiste, ebenfalls mit Zeitungen und Schriftstücken gefüllt und über derselben hingen mehrere Gewehre und Revolver. An das Geheimkabinet stieß ein Alkoven, ein kleines dunkles Gemach ohne Verbindungsthür; nur eine Portière von dunklem Stoffe verschloß die Oeffnung. In diesem Raume befand sich weiter nichts als ein Ruhebett und ein Tischchen, auf welchem Waffen lagen. Valeska prüfte hastig mehrere Schriftstücke, legte sie aber als für ihren Zweck werthlos wieder zurück; sie sagte sich selbst, daß die wichtigen Papiere, die sie suchte und die sich in diesem Cabinet befinden mußten, in offenen Regalen und unverschlossenen Kisten sich nicht vorfinden würden; die an sich harmlosen Schriftstücke und Manuscripte in den Büchergestellen hatten offenbar nur den Zweck, bei etwaigen Nachforschungen als Deckmantel für die wichtigen Papiere zu dienen. Letztere waren ohne Zweifel in geheimen Gelassen und Verstecken untergebracht, und diese wollte Valeska ausfindig machen. An den Wänden war keine Spur eines solchen Gelasses zu entdecken, auch klang es nirgendwo hohl und dumpf, wenn sie mit dem Finger wider die Wand klopfte, und schon begann in immer größerer Aufregung die junge Frau den Fußboden zu untersuchen, als ein Geräusch im Hause sie plötzlich aufhorchen machte.

Schwere Männertritte wurden auf den Treppen und Corridors hörbar; die Tritte kamen näher und näher und hielten vor der Thüre des Gemaches. Sollte es der Geheimrath sein, sollte er früher wie gewöhnlich nach Hause zurückgekehrt sein? Schreckensbleich löschte Valeska ihr Licht und huschte hinter die Alkovenportière, den Dolchgriff krampfhaft mit der Rechten umklammernd. Sie zitterte nicht, wenn auch ihr Herz gewaltig pochte;

sie war auf's schlimmste gefaßt und zum äußersten entschlossen, zum Kampf auf Leben und Tod!

Ein Schlüssel knarrte in der Thür und eine Gestalt trat in's Zimmer. Dann hörte Valeska, die mit ihren funkelnden Augen die Dunkelheit hätte durchbohren mögen, wie der Mann Feuer schlug und durch eine Spalte des Vorhanges erblickte sie, nachdem eine Kerze auf dem Schreibpult angezündet worden, den Geheimrath Kowalscheck, — ihren „Bräutigam".

Das volle Licht der Kerze fiel auf sein bleiches Fuchsgesicht, das in diesem Augenblicke von einem boshaften Lächeln belebt war. Die spitze Nase und die grauen, lauernden Augen des Mannes waren Valeska nie so unheimlich, so entsetzlich vorgekommen, wie eben jetzt; Gurbinski hatte ihn einst einen Mephisto genannt, und in der That, wie der leibhaftige böse Geist erschien er Valeska, zumal als dieses höhnische Lächeln seine blutleeren Lippen umspielte.

Kowalscheck hatte offenbar keine Ahnung von der Anwesenheit einer zweiten Person; er lüftete den pelzgefütterten Ueberrock — das dürre Männchen fröstelte fast immer — und zog aus der Brusttasche ein kleines, in schwarzes Wachstuch gehülltes Päckchen, das allem Anscheine nach Dokumente und Schriftstücke enthielt; dann nahm er die Kerze von dem Pulte, stellte dieselbe auf den Boden und kniete nieder. Valeska, die kaum zu athmen wagte und die Linke auf's wild pochende Herz preßte, um dessen Schläge zu dämpfen, verfolgte jede Bewegung des Mannes. Sollte sie vorstürzen, ihm den Dolch in den Nacken stoßen und das Täschchen entreißen? Ihre Augen brannten, die Hand, die den Dolch hielt, war halb wie zum Stoße erhoben, jede Muskel war gespannt.

Der kleine Geheimrath, der in dieser Stellung einem zum Sprunge bereiten Panther glich, drückte mit dem Mittelfinger der rechten Hand auf eine Stelle des Fußbodens, welche sich von einem gewöhnlichen Astauge im Holze in nichts unterschied, — die Diele schob sich zurück und in die Oeffnung versenkte Kowalscheck das Päckchen. Dann zog er die Diele wieder zurück, schob sie in ihre frühere Lage und erhob sich.

„Bald," murmelte er, und der Ton seiner Stimme verrieth einen Ingrimm und eine Verbissenheit, die sonst dem geschmeidigen, schleichenden Geheimpolizisten fremd war, „bald werden die Geister, die hier schlummern, vulkanartig losbrechen und das ganze Reich erzittern machen! Ha, ha!"

Der Zeigefinger der ausgestreckten Rechte wies auf die Stelle, wo er das Täschchen verborgen, dann wandte er sich dem Alkoven zu — Valeska faßte das Dolchmesser fester —, doch plötzlich schien er sich eines Andern zu besinnen; er trat an das Pult heran, blies das Licht aus, und Valeska hörte, wie er sich entfernte und die Thür des Cabinetes abriegelte.

Endlich! Die junge Frau athmete tief auf, die furchtbare Spannung wich und wie ermattet sank die Hand mit dem Dolche, — sein Griff war in ihrer Hand warm geworden. Aber hier durfte keine Schwäche Platz greifen; neuer Muth durchfluthete ihren Körper — vorwärts!

Sie verließ das Versteck, zündete die Laterne wieder an, — Valeska war bleich wie Marmor — und kniete an derselben Stelle nieder, wo wenige Minuten früher der Geheimrath gekniet. Ihr Finger drückte kräftig auf die Feder, — ein Ruck — und in eine ziemlich große Oeffnung fiel der Strahl ihres Lichtes. Schnell raffte sie die Papiere zusammen, alle, die sie fand; — es war ein dicker Stoß — durchblätterte einige flüchtig und rief dann triumphirend: „Ich hab's!.. Ha, Schlange, jetzt wollen wir der Regierung den Beweis liefern, ob Gurbinski das Haupt der Verschwörer, der Anführer der Nihilisten ist, oder Du!"

11*

Sie sprang auf, neubelebt. Jede Furcht war gewichen, das kühne Wagniß war gelungen, — Valeska's Augen glänzten in stolzem Feuer und die vor Kurzem noch bleichen Wangen waren purpurn überhaucht. Aber noch war die Arbeit erst halb gethan und kein Augenblick zu verlieren. Schnell schob sie die Diele an ihre frühere Stelle, umschnürte die Papiere und befestigte sich das Bündel, um beim Klettern nicht behindert zu sein, auf dem Rücken. Dann schwang sie sich auf die Fensterbrüstung, ergriff die im Winde flatternde Strickleiter und eilte die Sprossen derselben mit einer Gewandtheit hinan, die einem geübten Turner alle Ehre gemacht hätte.

Als sie das Dach erreicht hatte und die Leiter von dem Haken löste und hinaufzog, schlug es zehn Uhr. In einer Stunde war das Werk geschehen, — für Valeska war jede Sekunde eine Ewigkeit geworden.

Mit zerrissenen Knie'n und blutenden Händen betrat die junge Frau bald darauf das Zimmer ihrer Mutter. Diese, der Professor und die alte Njanja, die in größter Sorge um sie gebangt, eilten ihr mit einem lauten Jubelruf entgegen, und Valeska sank, das Bündel und die Strickleiter zu Boden werfend, mit den Worten: „Ich hab's!" in die Arme ihrer Mutter.

16.

Es war am folgenden Tage gegen zehn Uhr Morgens, als Valeska in Begleitung Iwanow's einen Wagen bestieg, um zum Justizpalaste zu fahren. In der Hand trug sie einen Stoß Papiere, welcher die wichtigsten von den Schriftstücken enthielt, die sie dem Geheimrath entführt hatte. Valeska, ihre Mutter und der Professor hatten bis tief in die Nacht hinein den ziemlich umfangreichen Actenstoß durchgeblättert, gesichtet und das minder Wichtige von dem Gravirenden getrennt; nunmehr aber hatten sie die unwiderleglichen Beweisstücke in Händen, daß Kowalscheck die Seele der petersburger Nihilistenpartei und ihr geistiger Anführer sei. Unter diesen Belägen befanden sich Correspondenzen der Nihilistencomités in Moskau, Warschau, Kiew ꝛc., die Verzeichnisse der Mitglieder, welche Namen aus den höchsten Beamtenkreisen und aus dem Officierstande aufwiesen, — Gurbinski war jedoch nicht in den Listen aufgeführt, — ferner Flugblätter und Broschüren revolutionären Inhaltes, Manuscripte, von Kowalscheck's eigener Hand geschrieben, die für Zeitungen bestimmt sein mochten, Nachweise über die Vermögenszustände der „Kruzol's‚ — kurz das Material war so reichhaltig, daß Valeska keinen Augenblick an der Freilassung ihres Mannes zweifelte; ob man es aber wagen würde, sofort gegen den Geheimrath einzuschreiten, war freilich eine andere Frage.

Als der Wagen sich dem Palais des Polizeimeisters näherte, schlug plötzlich ein dumpfes, immer mächtiger anschwellendes Getöse, ein Stimmengewirr, wie von vielen hundert Menschen, an Valeska's und des Professors Ohren; von allen Seiten stürmte man auf das Gebäude zu und immer lauter brauste der Tumult, immer mehr wuchs die Menschenmenge an, bis zuletzt der Wagen staute. Man schrie, pfiff und jubelte und Hurrahrufe durchhallten die Luft; Gensdarmen sprengten heran und bahnten sich mit den Rossen eine Gasse durch den Menschenknäuel, eine Compagnie Soldaten säuberte mit gefälltem Bajonett den Platz vor dem Palais und zog mit den Polizisten einen Cordon, um die andrängenden und immer mehr anschwellenden Menschenmassen zurückzuhalten.

„Was gibt's?" wandte sich Iwanow an einen

Studenten, der sich durch laute Hurrahschreie besonders auszeichnete.

„Was es gibt? Man hat den Schurken, den Stadthauptmann niedergeschossen! Eine Dame hat's gethan!"

Valeska flog von ihrem Sitze auf und sprang aus dem Wagen. „Niedergeschossen?" wiederholte sie aufgeregt, — „weshalb?"

„Das fragen Sie noch? Weil er der Chef der Geheimpolizei ist! Allen diesen Hunden und Volkshenkern muß es ähnlich ergehen!"

„Lassen Sie mich durch!"

„Ah," flüsterten die Umstehenden, „seine Tochter!"

„Man hat, wie ich höre, auf meinen Vater geschossen," wandte sich Valeska an einen Gensdarmerieoffizier, „bitte, führen Sie mich zu ihm!"

„Sie sind seine Tochter?"

„Valeska von Rakow."

Der Offizier grüßte höflich und sagte: „Folgen Sie mir!"

Er stieß die Menge nach beiden Seiten zurück, passirte ohne Umstände den Soldatencordon und führte die Dame in das Palais. Im Corridor kamen ihnen mehrere Polizeibeamte entgegen, welche ein gefesseltes Mädchen in ihrer Mitte führten.

Valeska trat vor die Gefangene hin: „Sie sind die Mörderin meines Vaters, Fräulein Sassulitsch?"

„Ja ich habe es gethan! Zürnen Sie mir deshalb?"

„Gewiß, denn welche Ursache Sie auch haben mochten, sich als Bittstellerin dem Generallieutenant zu nahen und ihn dann meuchlings niederzuschießen, — er ist mein Vater!"

„Kennen Sie auch den speziellen Grund, der mir den Revolver in die Hand drückte? Ihretwegen habe ich es gethan, Sie und ihren Mann habe ich gerächt, weil Ihr Vater seinen Schwiegersohn, den politischen

Gefangenen, im Kerker durchpeitschen ließ! Zürnen Sie mir noch?"

Valeska prallte zurück. Das fürchterliche Wort „durchpeitschen" raubte ihr beinahe jede Fassung Sie hatte keine Ahnung von der Behandlung, die Feodor Gurbinski im Gefängniß zu Theil geworden, denn vergebens hatte sie sich bemüht, Zutritt zu ihrem Gatten zu erhalten. Die Furcht des Gefängnißpersonals vor dem strengen Stadthauptmann war in diesem Falle mächtiger gewesen, als das Gold, das Valeska anbot.

Die Attentäterin Sassulitsch wurde abgeführt; als sie auf der Rampe des Gebäudes erschien, um den Wagen zu besteigen, der sie in's Gefängniß bringen sollte, begrüßte die Menge die Verbrecherin mit tausendstimmigen Jubelrufen, — ein lautes Zeugniß für die Stimmung der Bevölkerung. Valeska eilte die Treppen hinan in das Zimmer ihres Vaters.

Man hatte den Schwerverwundeten, der einen Schuß in den Unterleib erhalten, in sein Schlafgemach transportirt, und die Aerzte hatten die Kugel bereits aus dem Körper entfernt. Rakow lag, von Kissen unterstützt, auf einem breiten Divan, wachsbleich wie die Marmorfigur zu seinen Häupten.

Valeska begrüßte ihn stumm und reichte ihm die Rechte; mit der Linken hielt sie das Packet.

„Ist die Verwundung gefährlich?" wandte sie sich an die Aerzte.

Diese zuckten mit den Schultern. „Absolut tödtlich nicht," erklärte der Oberarzt des Bürgerhospitals, „ich hoffe das Leben Sr. Excellenz retten zu können."

Der Stadthauptmann war bei voller Besinnung: das Bewußtsein hatte ihn keinen Augenblick verlassen; dagegen hatte der Blutverlust und die schmerzhafte Operation ihn sehr erschöpft; nachdem der Verband angelegt worden, waren die Schmerzen mehr erträglich.

„Ich will mein Testament machen," sagte er, es ist für mögliche Fälle."

Ein Offizier eilte davon, das Nöthige zu veranlassen.

Kowalscheck, der bisher, um den Aerzten nicht hinderlich zu sein, sich in den Hintergrund zurückgezogen, trat jetzt vor und wollte seiner „Braut" die Hand reichen.

„Welch' fluchwürdige That!" lispelte er; „hoffentlich wird das theure Leben Sr. Excellenz erhalten."

Er hatte offenbar noch keine Ahnung von der Entwendung seiner Papiere, denn er bewegte sich mit vollster Sicherheit.

Ein flammender Blick aus Valeska's Augen traf den Geheimrath, ein Blick so voll Zorn und Haß, daß dieser höchlichst befremdet aufschaute. Dann wandte ihm Valeska den Rücken. Kowalscheck biß sich vor Zorn und Wuth die Unterlippe; diese offenbare Mißachtung und Geringschätzung ärgerte ihn um so mehr, als er ein Recht zu haben glaubte, von der jungen Frau mit mehr Rücksicht und Artigkeit behandelt zu werden.

Valeska nahm auf einem Stuhle neben dem Lager des Generals Platz; die Offiziere und Aerzte traten etwas bei Seite und unterhielten sich lebhaft, wenn auch mit gedämpfter Stimme, über das Attentat und die empörende Haltung des Volkes dieser That gegenüber. Da die Mörderin Wjera Sassulitsch sich offen als Nihilistin bekannt hatte, so war es durchaus nicht zweifelhaft, von welcher Seite das Attentat ausgegangen war und jetzt schon konnte man die Tragweite desselben berechnen. Die Revolutionspartei beschränkte sich also nicht mehr auf Plakate, Drohbriefe und Zeitungen — sie griff schon zu Dolch und Revolver, — sie machte ihre Drohungen wahr! Welch' ein Streiflicht auf die politischen und socialen Zustände des Landes warf diese That und der Jubel, mit welchem das Volk sie begrüßte, und welcher von den Beamten der Regierung und Polizei war noch seines Lebens sicher, wenn sogar ein Frauenzimmer sich an den Chef der Geheimpolizei, den Liebling des Czaren, heranwagte!

„Vater," sagte Valeska so laut, daß die Umstehenden ihre Worte hören konnten, — seit der Verhaftung Gurbinski's kam das Wort „Vater" zum ersten Male wieder über ihre Lippen, — „Vater, fühlst Du Dich wohl genug, um eine wichtige Nachricht entgegennehmen zu können?"

„Mein Kopf ist klar", versetzte Rakow, — „was gibt's?"

„Ich möchte aber bitten, gnädige Frau, jede Aufregung zu vermeiden," wandte sich der Oberarzt an Valeska.

„Was ich meinem Vater zu sagen habe, ist so wichtig, daß es nach dem eben stattgehabten Mordversuch keinen Aufschub erleidet. Der Anschlag ging von den Nihilisten aus, und da das Haupt dieser Revolutionspartei meinen Vater umschleicht, sich in seiner Nähe befindet, sein Vertrauen genießt, so ist es meine Pflicht, ihn vor dieser Schlange zu warnen!"

Der Stadthauptmann hob erstaunt sein bleiches Haupt ein wenig in die Höhe, Kowalschek trat, die Augen weit aufreißend, einen Schritt näher, und die Umstehenden horchten verwundert auf.

„Ich war auf dem Wege zum Justizminister," fuhr Valeska fort, „als der Mordanfall mich hierher führte. Ich wollte dem Minister den Namen des Hauptdrahtsführers nennen und ihm die untrüglichen Beweisstücke für die Richtigkeit meiner Angabe unterbreiten."

„Der Führer der Nihilisten sitzt ja bereits hinter Schloß und Riegel," warf der Geheimrath ein.

„Der vermeintliche Führer freilich," — Valesa erhob sich und wandte ihr glühendes Antlitz dem Manne zu, der sie unterbrochen; wie die rächende Nemesis stand sie vor Kowalscheck — „der angebliche, von Ihnen, Herr Geheimrath, aus gewissen Absichten und zu gewissen Zwecken als Chef der Revolutionspartei bezeichnete Rädelsführer sitzt freilich im Kerker und wurde bereits durchgepeitscht,"... die Stimme der jungen Frau bebte vor Schmerz und Wuth, — „aber nicht der richtige Leiter der Verschwörung! Der ist anderswo zu suchen — und daß ich ihn kenne, dafür habe ich mir die vom Kaiser verlangten und von meinem Vater gesuchten Beweise beschafft. Hier sind sie!"

Sie zog den Actenstoß so energisch hervor, daß derselbe beinahe die Wangen Kowalscheck's unzart getroffen hätte; der verblüffte Geheimrath prallte einige Schritte zurück.

„Keine Scene, wenn ich bitten darf," sagte der Arzt; „wir stehen am Krankenbette Sr. Excellenz."

„Die Mittheilungen werden meinen Vater nicht tödten, sondern aufrichten, gesunden lassen! Die Revolverkugel der exaltirten Sassulitsch würde wahrscheinlich nicht auf ihn abgefeuert worden sein, wenn derselbe Mann, der das Volk aufgehetzt und betrogen, nicht gleichzeitig auch meinen Vater gegen das Volk aufgehetzt und ihn in der schmählichsten Weise betrogen hätte."

„Zur Sache," warf der Stadthauptmann ein. „Du hast also die Beweise, — wer ist der Verräther?"

„Dort steht er!" rief Valeska, ihre Rechte gebieterisch ausstreckend und auf den Geheimrath weisend, „e r ist der Schurke!"

Ein Murmeln des Erstaunens ging von Mund zu Mund; ein ungläubliches Lächeln umspielte die Lippen Rakow's.

„Du irrst, Valeska; der Geheimrath... mein Vertrauter,... mein Freund,.. dem Du selbst Hoffnung auf Deine Hand gemacht,..."

„Ist der von Dir bisher vergebens gesuchte und gefürchtete Anführer der Nihilisten, der Verfertiger der revolutionären Schrifte und Drohbriefe, der Fabrikant der Plakate, der donnernde Clubredner gegen den Staat und die gesellschaftliche Ordnung, — der intellectuelle Urheber des Attentates!"

"Mein Fräulein, Sie sind wahnsinnig!" Der schmächtige Geheimrath war hervorgesprungen wie eine gereizte Katze; er bebte an allen Gliedern und die grauen Augen waren aus dem leichenblassen Gesicht hervorgequollen.

"Meinen Wahnsinn werden diese Schriftstücke beweisen. Wollen Sie hören, wie sie in meinen Besitz gekommen? Ich habe sie mir gestern Abend aus dem Versteck in ihrem Geheimcabinet hervorgeholt, nachdem ich erfahren, welche Rolle Sie bis jetzt gespielt. Seht hier meine zerschundenen Finger," wandte Sie sich an die Umstehenden und an die erstaunten Beamten, "auf nicht ganz gefahrlosem Wege habe ich mir die Beweise beschafft, um diesen Heuchler und Ränkeschmied zu entlarven. Auf der einen Seite Leiter der Geheimenpolizei, erster Rath des Stadthauptmannes und auf der anderen Seite Chef der Revolutionäre, — in der That, ein würdiger Charakter!"

Der General hatte sich trotz seiner schweren Verwundung etwas in die Höhe gerichtet, denn diese Enthüllung war so seltsam, so überraschend, daß er das Gehörte kaum fassen konnte. Er winkte mit der Hand und nahm die Actenstöße entgegen, einen flüchtigen Blick in dieselben werfend.

Kowalscheck stand, wieder vollständig Herr seiner selbst, mit trotziger Miene vor seiner Anklägerin; er sah sich verrathen, entlarvt und beschloß, den Anklagen mit Hohn und Trotz zu begegnen. Leugnen half nichts, das wußte er, — er kannte den Inhalt der Schriftstücke, die der Generallieutenant in Händen hielt; hier konnte ihn nur imponirende Geistesgegenwart retten. Er verschränkte die Arme auf der Brust, setzte den rechten Fuß vor und lächelte, als hätte er mit diesem boshaften, höhnischen, impertinenten Lächeln die An=

klage und alle Ankläger zermalmen können. Es lag etwas Teuflisches in der Ruhe, der Haltung und dem Lächeln dieses Mannes.

„Weiter!" sagte er im herausfordernden Tone.

„Ich bin gleich fertig," fuhr Valeska fort, deren leidenschaftliche Erregung grell gegen die plötzliche, eisige Ruhe Kowalschek's abstach. Sie bekämpfte aber ihren Groll und suchte die Fassung wieder zu gewinnen; nur der Athem ging heiß und schnell und die Brust flog stürmisch auf und ab; auch die Fingernägel bohrten sich krampfhaft in die Handflächen, als hätten sie den Hals des Verschwörers zuschnüren wollen.

„Um dem Kaiser ein Opfer auszuliefern, von sich selbst den Verdacht abzuhalten und vielleicht auch aus — Eifersucht denuncirte dieser Mann einen Unschuldigen. Während er selbst der Verfasser jenes Plakates war, das den Zorn des Czaren wachrief, ließ er einen Andern dafür in den Kerker werfen. Und warum nannte er eben Gurbinski als den Empörer? Ich will ganz offen sein, Vater, denn in dieser furchtbaren Stunde soll keine Lüge meine Lippen entweihen, keine Zurückhaltung mir Schranken auferlegen; so wisse es denn: ich kannte und liebte Gurbinski, ehe Du ihn mir zuführtest und mich zwangest, seine Gattin zu werden! Dies mochte der Geheimrath ausgewittert haben, und deshalb ersah er ihn sich als Schlachtopfer. Deinen Plan, Vater, durch meine Verheirathung mit Feodor Dir die Beweise schaffen zu lassen, mochte der schlaue Fuchs wol nicht in den Kreis seiner Berechnung gezogen haben..."

Der General hustete und stöhnte; offenbar schmerzte ihn die Wunde.

„Was ich gelitten, — es gehört nicht hierher; aber gerächt habe ich mich, denn mein ganzes Innere brütete Rache, die in dem Plane gipfelte, den Verräther zu entlarven. Meine Mutter war es, die mir den wahren Charakter dieses Mannes offenbarte. Ich schmeichelte

mich in sein Vertrauen ein; seine Leidenschaft zu mir
war meine Waffe und ich erfuhr, was ich erfahren
wollte, — die Lage des Zimmers, in welchem die
wichtigen Documente, die Beweisstücke aufbewahrt
wurden. Ich holte sie mir, — ich bin fertig!"

Wie der Engel mit dem flammenden Schwerte an
der Pforte des Paradieses nach dem Sündenfall des
ersten Menschenpaares gestanden haben mag, so stand
Valeska vor Kowalscheck; jedes Wort war ein Keulen=
schlag, der ihn hätte zu Boden schmettern müssen, wenn
der Revolutionär der Mann gewesen wäre, der sich
hätte niederschmettern lassen. Eine bange, unheimliche
Pause folgte der Anklage; man hörte die Athemzüge
der Anwesenden.

„Die Frau hat Recht!" sagte der Geheimrath plötzlich.
„Ja, ich bin der Führer der Nihilisten, die Seele der
Verschwörung! Erfahren Sie es Alle, denn einmal
sollte die Maske doch fallen! Ich benutzte meine Stelle,
um dem geknechteten Volke zu dienen, um die Anschläge
des fluchwürdigen Instituts der Geheimpolizei zu ver=
eiteln. Und wie diesen Mann heute die Kugel der
Sassulitsch niederwarf, so werden wir den ganzen
morschen Riesenleib des Czarenreiches, die Despotie, die
Willkür niederwerfen! Wir haben das Volk auf unserer
Seite, wir haben Anhänger in der Armee, unter den
Offizieren und in den höchsten Beamtenkreisen. Die
Stunde der Erlösung wird schlagen und sie wird über
den Nacken Aller hinwegschreiten, die das Volk geknechtet,
geprügelt, betrogen, ausgesogen und nach Sibirien geschickt
haben!"

Die Figur des kleinen, schmächtigen Mannes schien
zu wachsen, als er diese Drohung ausstieß, und seine
Augen flammten.

„Ergreift ihn!" stöhnte v. Rakow.

„Man wage es!" rief Kowalscheck. „Ich bin wehrlos,
aber Dutzende von Dolchen sind gegen Die gezückt, die

es wagen, Hand an mich zu legen! Man wird mir ebenso wenig ein Haar krümmen, als die Wjera Sassulitsch verurtheilen. Die beleidigte Volksmoral wird sie freisprechen und Den, den ihre Kugel getroffen, verfluchen. Und sollte man mich vor Gericht stellen, so werde ich der Welt erzählen, auf welch' „ehrliche" Weise sich der Stadthauptmann von Petersburg, der Liebling des Czaren, die drei Millionen Rubel verdient hat und auf welche Weise Tausende von hochgestellten, sehr loyalen Beamten sich bereichern und die Reichskasse — bestehlen. Wollen Sie das, — so führt mich ab!"

Keine Hand, kein Arm rührte sich; auch der General wiederholte seinen Befehl nicht. Kowalscheck verließ in stolzer Haltung, ein verächtliches Lächeln auf den Lippen und die Umstehenden keines Blickes mehr würdigend, das Gemach. Er hatte Recht, — man wagte es nicht, ihn zu verhaften; man fürchtete die Dolche der Nihilisten und die Zunge ihres Führers.

„Und nun, Vater," wandte sich Valeska an den Polizeimeister, „jetzt gib Gurbinski frei!"

Rakow nickte unwillig und gab einem Offizier den Auftrag, den Entlassungsschein für den Gefangenen auszufertigen.

17.

Noch immer umstand eine dichte Menschenmenge das Palais des Polizeimeisters, als Valeska dasselbe, ein Blatt Papier in der Rechten haltend, verließ. Die wechselseitigsten Gefühle stritten in dem hochklopfenden Herzen der jungen Frau; das Attentat auf ihren Vater erfüllte sie mit Schmerz und Entrüstung, wenn das rücksichtslose Gebahren des Stadthauptmannes ihr und

ihrem Manne gegenüber und die Nachricht, daß Gur=
binski im Kerker durchgepeitscht worden, auch bedeutend
ihr Mitgefühl mit dem Patienten zu schwächen geeignet
waren. Der Gedanke dagegen, daß es ihr gelungen
sei, den Geheimrath zu entlarven, und daß für Feodor
nunmehr die Stunde der Erlösung schlage, daß der
geliebte Mann ihr jetzt ganz angehöre, erfüllte ihr Herz
mit so unaussprechlicher Wonne, daß sie hätte laut
aufjubeln mögen. Sie hatte für Feodor gelitten, Todes=
qualen um ihn ausgestanden, — sie hatte für ihn ge=
kämpft, ihr Leben für ihn gewagt, und deshalb liebte
sie ihn mehr denn je. Je größer die Gefahr gewesen,
in welcher der vermeintliche Revolutionär geschwebt,
um so größer war jetzt Valeska's Glück und Freude.
Sie hatte das Papier mit dem großen Siegel des
Polizeipräsidiums an ihre Lippen gedrückt und hielt es
gleichsam als Zeichen des Triumphes freudestrahlend in
der Rechten. Ihre Augen glänzten, ihre Wangen waren
von tiefem Purpur übergossen, als sie sich eilig durch
die Menge Bahn brach.

Der Professor hatte in dem Wagen ihrer geharrt
und begrüßte freudig ihr endliches Erscheinen. Der
gute Alte war in nicht geringe Aufregung gerathen, als
er den Namen der Attentäterin erfuhr; daß sein Schütz=
ling, die Tochter seiner einstigen und einzigen Jugend=
geliebten, eine Schwärmerin, eine fanatische Nihilistin
und ein exaltirtes Mädchen sei, daß auch sie gegründete
Ursache hatte, der Geheimpolizei zu grollen, wußte er,
aber daß Wjera einer solchen Handlung, eines politischen
Mordes fähig sei, das hatte er nicht erwartet! Er
hatte gesehen, wie Gensdarme die Verbrecherin weg=
transportirten, er hatte die Hurrahrufe des Volkes
gehört, das ausnahmslos für die Sassulitsch Partei
nahm, aber in Iwanow's Augen war eine Thräne
getreten.

„Wie geht's der Excellenz?" fragte er, als Valeska an seiner Seite Platz nahm.

„Der Schuß scheint nicht tödtlich zu sein, die Aerzte geben die beste Hoffnung —"

„Gottlob!"

„Aber lesen Sie dieses Papier, Professor, — Feodor ist frei!"

Sie sprach hastig, erregt, und während sie mit der Rechten dem alten treuen Freunde die Schrift hinhielt, erfaßte sie in überquillender Glückseligkeit mit der Linken seinen Arm und drückte ihn; sie hätte die ganze Welt umarmen mögen.

„Aber wie ist dies möglich?"

„Nachher, .. Sie sollen Alles erfahren, .. jetzt ist kein Augenblick zu verlieren. Kutscher, nach dem Untersuchungsgefängnisse! Lassen Sie die Pferde fliegen, — ich zahle doppelt!"

„Juch paschol, juch!" rief der Kutscher, und die flinken Rosse jagten pfeilschnell über das Pflaster.

Valeska lehnte sich einen Augenblick in das Polster des Wagens zurück und schloß die Augen; sie sprach nicht, sie dachte und fühlte!

Die Augenblicke wurden zu Minuten, die Minuten zu Stunden, — endlich hielt der Wagen. Das schwere Gefängnißthor schloß sich hinter Valeska und Iwanow.

„Ich wünschte den Director zu sprechen," wandte sich die junge, fieberhaft erregte Frau an den Pförtner; mit ihrer Selbstbeherrschung war es zu Ende; das liebende Weib trug über die Frau der Etiquette den Sieg davon. Man führte sie auf das Bureau, wo einige Beamten und Gefangene in grauen Sträflingskleidern mit schriftlichen Arbeiten beschäftigt waren.

Valeska präsentirte dem Leiter der Anstalt den Schein.

Der Director sah groß auf. „Freigegeben?" fragte er.

„Ja!" — In diesem einen Worte lag ein ganzer Himmel voll Seligkeit.

„Bei Nihilisten kommt das selten vor, — in der Regel wandern sie nach Sibirien."

„Ich weiß .. aber mein Mann ist frei!"

„Allerdings." Der graue Director schob die Brille mit den dicken Gläsern auf die Stirne, räusperte sich und prüfte den den Schein nochmals. „Alles in Ordnung," murmelte er. „Ich will den Gefangenen hierher rufen lassen."

„Kann ich ihm nicht die Botschaft bringen?"

„Das ist gegen die Hausordnung."

„Ich bitte darum!" Sie erfaßte des Directors Hand und drückte einige Goldstücke hinein.

„Nun, nun," schmunzelte der Beamte, „bei der Tochter Sr. Excellenz darf ich wol eine Ausnahme machen. Bitte, gnädige Frau, folgen Sie mir."

Der Mann war plötzlich sehr höflich geworden. —

Die Zelle, welche Gurbinski bewohnte, war ein kleines, dumpfes, feuchtes Gemach. In einer Ecke stand eine Pritsche und davor eine Wasserkanne. Das hochgelegene Fensterchen war stark vergittert; ein Sonnenstrahl drang nie durch dasselbe. In der mit starkem Eisenblech beschlagenen Thür befand sich eine runde Oeffnung mit einem Schieber davor, so daß von dem Corridor aus der Gefangene jederzeit von den Aufsehern controlirt werden konnte. Gurbinski durfte nicht lesen, nicht rauchen, keine Besuche empfangen, mit Niemand sprechen; er stierte den ganzen Tag die kahlen Wände an, zählte die Minuten, die Stunden, die Tage und brütete still vor sich hin. Seine Nahrung bestand Morgens und Abends aus klarem Wasser und trockenem Brode; Mittags erhielt er eine sogenannte Erbsen= oder Bohnensuppe, d. h. warmes Wasser, in welchem die halbrohen Hülsenfrüchte herumschwammen. Der tägliche halbstündige Spaziergang war ihm untersagt worden; nachdem er die fünfzig Ruthenstreiche empfangen, hatte er acht Tage in der Krankenstube gelegen und war dann als geheilt wieder in seine einsame Zelle transportirt worden, die er seitdem nicht wieder verlassen hatte. Er wunderte sich, daß er den Verstand noch nicht verloren und noch im Stande war, die ganze Größe seines Elendes zu begreifen...

Auch heute saß er auf der hölzernen Pritsche, die Ellenbogen auf die Kniee und das bleiche, hagere Antlitz in die Handflächen gestützt; da rasselte es plötzlich in dem Schlosse der Thür, — war es schon Mittag, brachte man schon den Kübel mit Essen, aus dem er sich eine hölzerne Schüssel voll füllen durfte?

Mechanisch blickte er auf, — aber kein mürrischer Aufseher mit dem Säbel an der Seite trat ein, sondern eine Dame...

„Gurbinski schnellte in die Höhe, sprachlos, die Augen weit geöffnet... Großer Gott war das nicht?...

„Valeska!"

Wie eine Jubelhymne durchhallte das Wort die Zelle; er breitete die Arme weit aus und stürzte mit wankenden Knieen auf die Dame zu.

„Valeska, mein theures, liebes Weib!"

„Feodor,.. mein armer Feodor!"

Sie lag an seiner Brust, an seinem Herzen, und er umschlang die Sinkende und zog sie zu sich empor und streichelte die Locken und küßte Mund und Wangen und lächelte unter Thränen...

Leise ward die Zellenthür beigedrückt; der graue Director fuhr sich mit dem Rücken der Hand über die feuchten Augen; weshalb wurde er weich, was ging ihn an, was die Zwei da miteinander hatten? Er durfte ja kein Herz haben und schritt davon.

Gurbinski führte die Halbohnmächtige auf die harte Pritsche und hielt sie in den Armen, zitternd wie ein

Kind, und rief ein über das andere Mal im zärtlichsten Tone: „Valeska, meine liebe Valeska!"

Sie konnte nichts sagen; der zuckende Mund war verstummt, Thränen perlten in den langen Wimpern und die Sinne drohten ihr zu schwinden. War das die willensstarke Frau? War das die stolze energische Valeska, die vor einer Viertelstunde den Chef der Revolutionspartei niedergeschmettert hatte? Als sie an der Strickleiter zwischen Himmel und Erde hing, als der Sturm an ihrem schlanken Leibe zerrte und sie in die Tiefe zu reißen drohte, da war sie stark, da hatte sie Kraft, — jetzt aber, in den Armen Feodors, da bebte sie . . . . vor unnennbarem Weh, vor unsagbarer Wonne!

„Theures Weib," flüsterte Gurbinski, „Du suchst mich auf an diesem schaurigen Orte, . . . Du erinnerst mich doppelt schmerzlich an Alles, was ich verloren! . . Aber um des Himmels willen, Deine Hände sind zerrissen, Deine Finger bluten, — Valeska, was ist geschehen?"

„Nichts, — Alles!" lächelte sie und schlug die Augen auf. „Oh," rief sie plötzlich laut und schlang leidenschaftlich ihren Arm um seinen Nacken und preßte ihre Lippen auf seinen Mund, „ich bin bei Dir, ich habe Dich wieder und Niemand wird uns mehr trennen!"

Die Arme lösten sich. „Feodor, Du bist frei!" jubelte sie und warf sich abermals an seine Brust.

„Frei? . . Valeska!"

„Komm, Geliebter! Zu lange schmachtetest Du an diesem entsetzlichen Orte; komm, Du bist frei!"

Sie faßte seinen Arm und zog ihn sanft in die Höhe.

„Sprichst Du die Wahrheit? Täuschest Du mich nicht? Ich würde es nicht ertragen können!"

„Nein, Feodor, Du bist erlöst, Deine Unschuld ist entdeckt. Sieh, die Thür der Zelle ist nur angelehnt, Du darfst mit mir den Kerker verlassen!"

Und der starke Mann taumelte einen Schritt zurück, brach in die Kniee und erhob die Hände wie zu einem Dankgebet gen Himmel. Dann raffte er sich auf und verließ, von Valeska geführt, zitternd, Thränen in den Augen, die feuchte Zelle und das Gefängniß.

Drei glückliche Menschen führte der Wagen von dannen. —

* * *

Monate waren vergangen. Auf dem schönen russischen Friedhofe bei Wiesbaden, unweit der prachtvollen griechischen Kapelle auf dem Neroberge, spazierte ein ältlicher Herr langsam auf und ab; das bleiche Haupt war leicht gesenkt und die Rechte bediente sich eines dicken Bambusrohrs als Stütze. Der einsame Spaziergänger trug einen leichten grauen Sommeranzug, aber der lange Schnurrbart verrieth auf den ersten Blick den russischen Offizier. Er schritt an den herrlichen Monumenten aus Marmor vorbei, las die Inschriften und nickte bisweilen. An dem prachtvollen Grabmonumente der Schuwalow'schen Familie hielt er; dasselbe ist ein aufrechtstehendes Mosaikbild der Muttergottes auf Goldgrund, aus tausend kleinen, farbenprächtigen Steinchen zusammengesetzt und ein Kunstwerk, in Venedig angefertigt. Die Sonne, welche sich auf den vergoldeten Kuppeln und Knäufen der nahen Kapelle spiegelte, übergoß mit ihrer Strahlenfluth auch dieses Bild, und es glitzerte und funkelte wie lauter Gold und Edelstein, — ein wahrhaft blendendes Schauspiel.

Der Herr war ohne Zweifel ein Kurgast, ein Russe, der in den Heilquellen Wiesbadens seine durch Krankheit oder sonstige Leiden ermatteten Glieder gesund baden wollte. Das Antlitz war bleich und trug die unverkennbaren Spuren langer Leiden und großer körperlicher Schmerzen; der Ausdruck des Gesichtes war finster, und die grauen Augen unter den düstern, buschigen Brauen schienen das Lachen und den Frohsinn ganz verlernt zu haben.

Es war Rakow, der ehemalige Stadthauptmann von Petersburg, der allgewaltige Polizeichef und General= lieutenant, jetzt durch die Ungnade des Czaren eine Null, ein Nichts, aus dem Amte entlassen! Die Kugel hatte nicht tödtlich gewirkt; der Kunst der Aerzte war es ge= lungen, den Schwerverwundeten am Leben zu erhalten, und als seine Kräfte es erlaubten, hatte er Petersburg verlassen und war nach Wiesbaden mit seinem milden Klima und seinen Heilbädern geeilt, um hier vollends zu genesen. Der Kaiser zürnte seinem einstigen Liebling, denn das Testament, welches Rakow nach dem Attentate gemacht und worin er über kolossale Summen verfügte, hatte dem Czaren verrathen, daß auch dieser „treueste" seiner Beamten ihn schmählich betrogen hatte. Eines Tages war im Winterpalaste die gewöhnliche Karten= partie versammelt und das Gespräch kam auf Rakow's Krankheit. Der Czar äußerte sein Bedauern und den Wunsch, dem erprobten Polizeimann eine Unterstützung zukommen zu lassen, damit er, da er doch selbst wenig Mittel habe, in's Ausland gehen könne an eine Heilquelle. Einer der ständigen Whistfreunde, der alte Fürst Suwarow, erklärte darauf, da der Kaiser fragte, wie viel er für Rakow's Reise wol bestimmen solle, er sei von dem Kranken zur Unterschrift des Testamentes erbeten worden und habe aus demselben ersehen, daß Rakow über drei Millionen Rubel darin verfügt habe, weshalb eine Unter= stützung wol kaum erforderlich wäre. Der Kaiser fuhr hierauf bei dieser Mittheilung in höchster Erregung auf: „Also auch der ein Schurke!" Der selbstlose, langjährige Beschützer des Czaren und ausgezeichnete Organisator der petersburger Polizei plötzlich angesichts des Todes entlarvt als ein „Wjätotschnik" (Erkäuflicher), — das war ein harter Schlag. Bestechlich wie die andern und im höhern Maße als die Meisten darin von Erfolg begleitet, dieser kaiserliche Vertraute! Das mochte den Monarchen empören. Die Kartenpartie war gestört und — Rakow in Ungnade.

Allein der ehemalige Stadthauptmann wußte zu gut, wie unentbehrlich er in seiner Stellung gewesen und hoffte zuversichtlich, nicht blos wieder in Gnaden aufgenommen, sondern noch befördert zu werden, — denn was bedeutete in seinen Augen ein Diebstahl von drei Millionen Rubel (= 10 Millionen Mark), da doch jeder Beamte nebenbei „Geschäfte" betrieb, und der Kaiser hinsichtlich der Annexionsgelüste in der Türkei mit leuchtendem Beispiele voranging!

Das Rauschen eines seidenen Kleides machte Rakow aufsehen. Eine Dame war eben im Begriffe an ihm vorbeizuschreiten, als Beider Augen sich trafen, und Rakow sowol wie die Dame erstaunt, fast entsetzt zurückprallten. Die Attentäterin stand urplötzlich ihrem Opfer gegenüber, — die vom Schwurgerichtshof in Petersburg freigesprochene Wjera Sassulitsch! Ja, das Unbegreifliche war geschehen: die Mörderin, die ihr Verbrechen offen und unumwunden eingestanden, war straffrei ausgegangen, die Geschworenen hatten keine Schuld an ihr gefunden, weil der Abscheu des russischen Volkes vor der Geheimpolizei noch größer war, als der Abscheu vor politischen Morden! Die Polizei hatte es zwar versucht, das Mädchen nach der Freisprechung, als die Studenten sie im Triumph nach Hause begleiteten, in einem absichtlich herbeigeführten Tumulte wieder in ihre Gewalt zu bekommen, allein Wjera entkam, — um hier unerwartet dem Manne zu begegnen, dem sie nach dem Leben getrachtet.

Rakow zuckte zusammen, wie wenn eine Schlange ihn gestochen. Da stand sie vor ihm, seine Feindin, die ihm eine Kugel in den Unterleib gejagt, keine zwei Schritte von ihm entfernt, Aug' in Auge, — beide mit haßer=

füllten, flammenden Blicken sich messend. Rakow faßte das Bambusrohr fester, — kein Mensch war auf dem Friedhof außer ihnen anwesend, — wenn er Rache nahm und die Person niederschlug? Aber Wjera fürchtete seine Rache, seine Wuth nicht; ein verächtliches Lächeln umspielte ihren Mund, und den Mann nochmals mit vernichtendem Blicke von oben bis unten messend, schritt sie, ohne ein Wort zu sprechen, langsam davon. An demselben Tage aber löste sie sich ein Billet nach Genf. —

Auch die andern Helden unserer Geschichte hatten sich nach der Schweiz gewandt, theils um sich dort dauernd nieder zu lassen, theils um in der frischen See- und Bergluft zu gesunden.

Unweit Vitznau, unmittelbar am Ufer des romantischen, sagenumsponnenen Vierwaldstädter See's, dort, wo derselbe die Form eines Hochkreuzes bildet und nach vier Himmelsstrichen hin seine feuchten, tiefblauen Arme ausstreckt, liegt ein anmuthiges Häuschen, das während der Sommermonate Fremden einen überaus angenehmen Aufenthalt gewährt. In dem wohlgepflegten Garten, der zur Pension gehört, erging sich in den Strahlen der sinkenden Sonne der Geheime Rath im russischen Handelsministerium, Feodor Gurbinski. Seine ehemals blassen Wangen waren von kräftigem Incarnat angehaucht, und wenn er den Hut lüftete, dann gewahrte man, daß die untere Häfte des Gesichtes im Vergleich zur weißen Stirn schon merklich von der Sonne gebräunt worden. Jede Spur der überstandenen Leiden war verschwunden. Er trat auf eine Erhöhung und umspannte mit trunkenem Blicke das unvergleichliche Panorama, das sich vor ihm aufthat. Zu seinen Füßen der klare, blaue See, dessen Spiegel leicht gekräuselt war und dessen Fluth stolze Dampfer durchschnitten. Rechts und links steil aufragende Felswände und Bergrücken, der Vitznauerstock, der Bürgenstock und der finstere Dossen; weit im Hintergrund das amphitheatralisch erbaute Luzern mit seinen im Strahle der Abendsonne funkelnden Kirchthurmspitzen und blitzenden Scheiben und gegenüber der Stadt die zerrissenen, grauen Hörner des Pilatus.

Hingerissen von den unbeschreiblichen Schönheiten und Wundern, welche hier eine bevorzugte Natur dem sinnenden Auge des Menschen erschließt, stand Feodor in Gedanken verloren und träumte; er hörte nicht, daß die Hofthür geöffnet ward und eine weiche Stimme zärtlich seinen Namen rief; er sah nicht, wie dann eine schlanke, weibliche Gestalt in dem Thürrahmen erschien, welche, mit der Hand die Augen beschattend, nach allen Seiten hin spähte und dann leicht, mit flatterndem weißen Gewande wie ein Schmetterling über den Kies= weg eilte, die schwarzen Locken übermüthig in den Nacken schüttelnd. Plötzlich legten sich zwei weiche, warme Hände über Feodor's Augen und eine verstellte Stimme fragte schelmisch: „Wer bin ich?" Er aber wandte sich lächelnd um und da preßten sich zwei volle Lippen auf seinen Mund.

„Liebe Valeska!"

Mehr sagte er nicht, aber stolz ruhte sein glück= strahlender, gesättigter Blick auf seinem jungen, herr= lichen Weibe, und den rechten Arm legte er um ihre Schultern und zog sie an sein Herz.

„Mein guter Feodor, mein theurer Mann!" flüsterte sie, „wie bin ich so unaussprechlich glücklich!"

„Könnte ich Dir je vergelten," entgegnete er, „was Du für mich gethan! Nicht hier, in Sibirien wäre ich jetzt, wenn Du —"

Er konnte nicht vollenden; ihre Hand legte sich auf seinen Mund und den Zeigefinger der Rechten drohend erhebend, sagte sie: „Kein Wort mehr davon!"

Schritte wurden hörbar; Valeska's Mutter und der Professor erschienen in dem Garten, und man ließ sich in der Laube nieder, wo die treue Njanja ein kaltes Abendbrod für sechs Personen servirt hatte; ein Huhn, Braten, Schinken und Eier; dazwischen standen einige rothköpfige Flaschen Rüdesheimer.

„Wo nur das junge Volk bleiben mag?" fragte Frau v. Rakow. „Es scheint, daß der Rigi sie nicht losläßt."

„Ist's ein Wunder?" fragte Iwanow lächelnd.

In diesem Augenblick ertönte der Pfiff einer Lokomotive und an der Felskante erschien ein Dampfwagen mit aufrechtstehendem Kessel und ein offener Wagen dahinter, gefüllt mit Touristen. Langsam schlängelte sich der Zug den Berg hinab. Ein weißes Taschentuch flatterte aus dem Wagen heraus und Valeska antwortete in gleicher Weise.

Eine Viertelstunde später betrat ein junges luststrahlendes Paar den Garten, — Clinka und Sergei Petrowitsch. Ihre Wangen glühten, ihre Augen leuchteten und mit einem jauchzenden Jodel begrüßte das junge Mädchen die in der Laube Anwesenden. Sergei trug den linken Arm in einer schwarzen Binde; ein Granatsplitter hatte ihm bei Plewna, wo dreißigtausend Russen am Namensfeste des „Batjuscha" fielen, die Hand zerschmettert; der tapfere Officier, der einen türkischen Monitor in die Luft gesprengt, hatte als kriegsuntüchtig entlassen werden müssen, und war Olga, die ihre Schwester Valeska in die Schweiz begleitet hatte, nachgefolgt, sobald er das Lazareth mit verkrüppelter Hand verlassen konnte.

„War's schön dort oben?" fragte Gurbinsi seinen Freund.

„Schöner wie auf den Höhen des Balkan, Feodor!"

„Das glaube ich, Sergei, zumal an Clinka's Seite, die nicht so grimmig dreinschaut, wie die Türken!"

"Lassen wir den Krieg und die Politik fallen, rief der Professor, "und heben wir die Gläser auf! Ein Hoch dem jungen Ehepaare und dem Brautpaare!"

Und man stieß an und trank — und der hinter den Bergen des Schwarzwaldes heraufsteigende Vollmond übergoß Berg und Thal, See und Wald mit seinem Silberlichte, und von der Höhe tönte das harmonische Glockengeläute des Alpenvieh's hernieder, süße Klänge des Friedens! — —

* * *

Wir haben unserer Geschichte noch Einiges hinzuzufügen. Immer kühner und verwegener trat die revolutionäre Partei in Petersburg und den übrigen großen Städten Rußlands auf; offen wurde die Beseitigung der herrschenden Dynastie verlangt. Tausende von Flugblättern und Zeitungen überschwemmten das Land und fast alle höheren Beamten der Polizei erhielten "Todesurtheile" per Post zugesandt; allenthalben machte sich die Agitation der Nihilisten bemerkbar, in den höchsten wie in den niedrigsten Kreisen, in der Armee wie in der Beamtenwelt. Der Polizeiminister Mesenzow fiel unter ihren Dolchen, ohne daß man die Mörder faßte oder zu fassen wagte, und an demselben Tage wurden geheime Polizeiagenten in vier anderen Städten des Reiches ermordet. Zu Hunderten sperrte man die Nihilisten in die Gefängnisse, aber nur um so kühner erhob die Revolution ihr Haupt. Kowalscheck verschwand nach seiner Entlarvung aus Petersburg, um im Geheimen im Verein mit Bakunin und in Verbindung mit der Internationale um so thatkräftiger zu wühlen. Ermordet wurden ferner der Gouverneur von Charkow, Fürst Krapotkin, der Gendarmerie-Oberst Knopp in Odessa und viele andere Polizeibeamte und solche, die dem Treiben der Nihilisten entgegen zu treten wagten, auf General Drentelen in Petersburg, Mesenzow's Nachfolger, und den General-Gouverneur Graf Czartkoff in Kiew wurden ebenfalls Mordanfälle gemacht, die jedoch glücklicherweise ihren Zweck nicht erreichten. Ja, an den Kaiser Alexander selbst wagte sich die nihilistische Mordwaffe am 14. April 1879, und wenn das Attentat auch mißlang, so erkannte man doch die ganze Tiefe des Abgrundes, dem Rußland entgegenraste. Jetzt wurden die schärfsten Maßregeln erlassen, der Dictatur und Willkür der Gouverneure freier Spielraum gewährt und fast das ganze Land in Belagerungszustand erklärt; Hinrichtungen fanden statt und Tausende von politischen Verbrechern wanderten in die Verbannung nach Sibirien. Den Dolch und Revolver vertauschten jetzt die Nihilisten mit der Brandfackel; allenthalben im Reiche gab's große Feuersbrünste und die Revolution arbeitete still aber unausgesetzt im Geheimen. — Der Krieg gegen die Türkei hat nur scheinbar sein Ende gefunden. Hunderttausende sind „im Namen des Christenthums" verblutet, und im ganzen weiten russischen Reiche gibt es nichts als Thränen, Elend, Erbitterung und Noth. Der gewaltige Koloß ist im Innern morsch und faul und wird über kurz oder lang zusammenbrechen, wenn nicht die politischen und socialen Zustände in andere und bessere Bahnen einlenken.

www.ingramcontent.com/pod-product-compliance
Lightning Source LLC
Chambersburg PA
CBHW032143160426
43197CB00008B/764